EXORTAÇÃO APOSTÓLICA

EVANGELII GAUDIUM

A ALEGRIA DO EVANGELHO

DO PAPA FRANCISCO

AO EPISCOPADO, AO CLERO, ÀS PESSOAS
CONSAGRADAS E AOS FIÉIS LEIGOS
SOBRE O ANÚNCIO DO EVANGELHO
NO MUNDO ATUAL

Paulinas

©Amministrazione del Patrimonio della Santa Sede Apostolica e
©Dicastero per la Comunicazione - Libreria Editrice Vaticana, 2013
Tradução © Conferência Nacional dos Bispos do Brasil

Direção-geral: *Bernadete Boff*
Editora responsável: *Luzia M. de Oliveira Sena*

1ª edição – 2013
14ª reimpressão – 2025

Nenhuma parte desta obra poderá ser reproduzida ou transmitida por qualquer forma e/ou quaisquer meios (eletrônico ou mecânico, incluindo fotocópia e gravação) ou arquivada em qualquer sistema ou banco de dados sem permissão escrita da Editora. Direitos reservados.

Cadastre-se e receba nossas informações
paulinas.com.br
Telemarketing e SAC: 0800-7010081

Paulinas
Rua Dona Inácia Uchoa, 62
04110-020 – São Paulo – SP (Brasil)
(11) 2125-3500
editora@paulinas.com.br

© Pia Sociedade Filhas de São Paulo – São Paulo, 2013

EXORTAÇÃO APOSTÓLICA
EVANGELII GAUDIUM
DO PAPA FRANCISCO
AO EPISCOPADO, AO CLERO, ÀS PESSOAS CONSAGRADAS E AOS FIÉIS LEIGOS SOBRE O ANÚNCIO DO EVANGELHO NO MUNDO ATUAL

1. A ALEGRIA DO EVANGELHO enche o coração e a vida inteira daqueles que se encontram com Jesus. Quantos se deixam salvar por Ele são libertados do pecado, da tristeza, do vazio interior, do isolamento. Com Jesus Cristo, renasce sem cessar a alegria. Quero, com esta Exortação, dirigir-me aos fiéis cristãos a fim de convidá-los para uma nova etapa evangelizadora marcada por esta alegria e indicar caminhos para o percurso da Igreja nos próximos anos.

1. Alegria que se renova e comunica

2. O grande risco do mundo atual, com sua múltipla e avassaladora oferta de consumo, é uma tristeza individualista que brota do coração comodista e mesquinho, da busca desordenada de prazeres superficiais,

da consciência isolada. Quando a vida interior se fecha nos próprios interesses, deixa de haver espaço para os outros, já não entram os pobres, já não se ouve a voz de Deus, já não se goza da doce alegria do seu amor, nem fervilha o entusiasmo de fazer o bem. Este é um risco, certo e permanente, que correm também os crentes. Muitos caem nele, transformando-se em pessoas ressentidas, queixosas, sem vida. Esta não é a escolha de uma vida digna e plena, este não é o desígnio que Deus tem para nós, esta não é a vida no Espírito que jorra do coração de Cristo ressuscitado.

3. Convido todo cristão, em qualquer lugar e situação que se encontre, a renovar hoje mesmo o seu encontro pessoal com Jesus Cristo ou, pelo menos, a tomar a decisão de se deixar encontrar por Ele, de procurá-Lo dia a dia sem cessar. Não há motivo para alguém poder pensar que este convite não lhe diz respeito, já que "da alegria trazida pelo Senhor ninguém é excluído".[1] Quem arrisca, o Senhor não o desilude; e, quando alguém dá um pequeno passo em direção a Jesus, descobre que Ele já aguardava de braços abertos a sua chegada. Este é o momento para dizer a Jesus Cristo: "Senhor, deixei-me enganar, de mil maneiras fugi do vosso amor, mas aqui estou novamente para renovar a minha aliança convosco. Preciso de Vós. Resgatai-me

---

[1] Paulo VI, Exort. ap. *Gaudete in Domino* (9 de Maio de 1975), 22: *AAS* 67 (1975), 297.

de novo, Senhor; aceitai-me mais uma vez nos vossos braços redentores". Como nos faz bem voltar para Ele, quando nos perdemos! Insisto uma vez mais: Deus nunca se cansa de perdoar, somos nós que nos cansamos de pedir a sua misericórdia. Aquele que nos convidou a perdoar "setenta vezes sete" (*Mt* 18, 22) dá-nos o exemplo: Ele perdoa setenta vezes sete. Volta uma vez e outra a carregar-nos aos seus ombros. Ninguém nos pode tirar a dignidade que este amor infinito e inabalável nos confere. Ele permite-nos levantar a cabeça e recomeçar, com uma ternura que nunca nos defrauda e sempre nos pode restituir a alegria. Não fujamos da ressurreição de Jesus; nunca nos demos por mortos, suceda o que suceder. Que nada possa mais do que a sua vida que nos impele para diante!

4. Os livros do Antigo Testamento preanunciaram a alegria da salvação, que havia de tornar-se superabundante nos tempos messiânicos. O profeta Isaías dirige-se ao Messias esperado, saudando-O com regozijo: "Multiplicaste a alegria, aumentaste o júbilo" (9, 2). E anima os habitantes de Sião a recebê-Lo com cânticos: "Exultai de alegria!" (12, 6). A quem já O avistara no horizonte, o profeta convida-o a tornar-se mensageiro para os outros: "Sobe a um alto monte, arauto de Sião! Grita com voz forte, arauto de Jerusalém" (40, 9). A criação inteira participa nesta alegria da salvação: "Cantai, ó céus! Exulta de alegria, ó terra! Rompei em

exclamações, ó montes! Na verdade, o Senhor consola o seu povo e se compadece dos desamparados" (49, 13).

Zacarias, vendo o dia do Senhor, convida a vitoriar o Rei que chega "humilde, montado num jumento": "Exulta de alegria, filha de Sião! Solta gritos de júbilo, filha de Jerusalém! Eis que o teu rei vem a ti. Ele é justo e vitorioso" (9, 9). Mas o convite mais tocante talvez seja o do profeta Sofonias, que nos mostra o próprio Deus como um centro irradiante de festa e de alegria, que quer comunicar ao seu povo este júbilo salvífico. Enche-me de vida reler este texto: "O Senhor, teu Deus, está no meio de ti como poderoso salvador! Ele exulta de alegria por tua causa, pelo seu amor te renovará. Ele dança e grita de alegria por tua causa" (3, 17).

É a alegria que se vive no meio das pequenas coisas da vida quotidiana, como resposta ao amoroso convite de Deus nosso Pai: "Meu filho, se tens com quê, trata-te bem [...]. Não te prives da felicidade presente" (*Eclo* 14, 11.14). Quanta ternura paterna se vislumbra por detrás destas palavras!

5. O Evangelho, onde resplandece gloriosa a Cruz de Cristo, convida insistentemente à alegria. Apenas alguns exemplos: "Alegra-te" é a saudação do anjo a Maria (*Lc* 1, 28). A visita de Maria a Isabel faz com que João salte de alegria no ventre de sua mãe (cf. *Lc* 1, 41). No seu cântico, Maria proclama: "O meu espírito

se alegra em Deus, meu Salvador" (*Lc* 1, 47). E, quando Jesus começa o seu ministério, João exclama: "Esta é a minha alegria! E tornou-se completa!" (*Jo* 3, 29). O próprio Jesus "estremeceu de alegria sob a ação do Espírito Santo" (*Lc* 10, 21). A sua mensagem é fonte de alegria: "Manifestei-vos estas coisas, para que esteja em vós a minha alegria, e a vossa alegria seja completa" (*Jo* 15, 11). A nossa alegria cristã brota da fonte do seu coração transbordante. Ele promete aos seus discípulos: "Vós haveis de estar tristes, mas a vossa tristeza há de converter-se em alegria" (*Jo* 16, 20). E insiste: "Eu hei de ver-vos de novo! Então, o vosso coração há de alegrar--se e ninguém vos poderá tirar a vossa alegria" (*Jo* 16, 22). Depois, ao verem-No ressuscitado, "encheram-se de alegria" (*Jo* 20, 20). O livro dos Atos dos Apóstolos conta que, na primitiva comunidade, "tomavam o alimento com alegria" (2, 46). Por onde passaram os discípulos, "houve grande alegria" (8, 8); e eles, no meio da perseguição, "estavam cheios de alegria" (13, 52). Um eunuco, recém-batizado, "seguiu o seu caminho cheio de alegria" (8, 39); e o carcereiro "entregou-se, com a família, à alegria de ter acreditado em Deus" (16, 34). Porque não havemos de entrar, também nós, nesta torrente de alegria?

6. Há cristãos que parecem ter escolhido viver uma Quaresma sem Páscoa. Reconheço, porém, que a alegria não se vive da mesma maneira em todas as

etapas e circunstâncias da vida, por vezes muito duras. Adapta-se e transforma-se, mas sempre permanece pelo menos como um feixe de luz que nasce da certeza pessoal de, não obstante o contrário, sermos infinitamente amados. Compreendo as pessoas que se vergam à tristeza por causa das graves dificuldades que têm de suportar, mas aos poucos é preciso permitir que a alegria da fé comece a despertar, como uma secreta mas firme confiança, mesmo no meio das piores angústias: "A paz foi desterrada da minha alma, já nem sei o que é a felicidade [...]. Isto, porém, guardo no meu coração; por isso, mantenho a esperança. É que a misericórdia do Senhor não acaba, não se esgota a sua compaixão. Cada manhã ela se renova; é grande a tua fidelidade. [...] Bom é esperar em silêncio a salvação do Senhor" (*Lm* 3, 17.21-23.26).

7. A tentação apresenta-se, frequentemente, sob forma de desculpas e queixas, como se tivesse de haver inúmeras condições para ser possível a alegria. Habitualmente isto acontece, porque "a sociedade técnica teve a possibilidade de multiplicar as ocasiões de prazer; no entanto ela encontra dificuldades grandes no engendrar também a alegria".[2] Posso dizer que as alegrias mais belas e espontâneas, que vi ao longo da minha vida, são as alegrias de pessoas muito pobres

---

[2] *Ibid.*, 8: *o. c.*, 292.

que têm pouco a que se agarrar. Recordo também a alegria genuína daqueles que, mesmo no meio de grandes compromissos profissionais, souberam conservar um coração crente, generoso e simples. De várias maneiras, estas alegrias bebem na fonte do amor maior, que é o de Deus, a nós manifestado em Jesus Cristo. Não me cansarei de repetir estas palavras de Bento XVI que nos levam ao centro do Evangelho: "Ao início do ser cristão, não há uma decisão ética ou uma grande ideia, mas o encontro com um acontecimento, com uma Pessoa que dá à vida um novo horizonte e, desta forma, o rumo decisivo".[3]

8. Somente graças a este encontro – ou reencontro – com o amor de Deus, que se converte em amizade feliz, é que somos resgatados da nossa consciência isolada e da autorreferencialidade. Chegamos a ser plenamente humanos, quando somos mais do que humanos, quando permitimos a Deus que nos conduza para além de nós mesmos a fim de alcançarmos o nosso ser mais verdadeiro. Aqui está a fonte da ação evangelizadora. Porque, se alguém acolheu este amor que lhe devolve o sentido da vida, como é que pode conter o desejo de comunicá-lo aos outros?

---

[3] Carta. enc. *Deus caritas est* (25 de Dezembro de 2005), 1: *AAS* 98 (2006), 217.

2. A doce e reconfortante alegria de evangelizar

9. O bem tende sempre a comunicar-se. Toda a experiência autêntica de verdade e de beleza procura, por si mesma, a sua expansão; e qualquer pessoa que viva uma libertação profunda adquire maior sensibilidade face às necessidades dos outros. E, uma vez comunicado, o bem radica-se e desenvolve-se. Por isso, quem deseja viver com dignidade e em plenitude, não tem outro caminho senão reconhecer o outro e buscar o seu bem. Assim, não nos deveriam surpreender frases de São Paulo como estas: "O amor de Cristo nos absorve completamente" (*2 Cor* 5, 14); "ai de mim, se eu não evangelizar!" (*1 Cor* 9, 16).

10. A proposta é viver em um nível superior, mas não com menor intensidade: "Na doação, a vida se fortalece; e se enfraquece no comodismo e no isolamento. De fato, os que mais desfrutam da vida são os que deixam a segurança da margem e se apaixonam pela missão de comunicar a vida aos demais".[4] Quando a Igreja faz apelo ao compromisso evangelizador, não faz mais do que indicar aos cristãos o verdadeiro dinamismo da realização pessoal: "Aqui descobrimos outra profunda lei da realidade: 'A vida se alcança e amadurece à

---

[4] V Conferência Geral do Episcopado Latino-americano e do Caribe, *Documento de Aparecida* (29 de Junho de 2007), 360.

medida que é entregue para dar vida aos outros'. Isto é, definitivamente, a missão".[5] Consequentemente, um evangelizador não deveria ter constantemente uma cara de funeral. Recuperemos e aumentemos o fervor de espírito, "a suave e reconfortante alegria de evangelizar, mesmo quando for preciso semear com lágrimas! [...] E que o mundo do nosso tempo, que procura ora na angústia ora com esperança, possa receber a Boa-Nova dos lábios, não de evangelizadores tristes e descoroçoados, impacientes ou ansiosos, mas sim de ministros do Evangelho cuja vida irradie fervor, pois foram quem recebeu primeiro em si a alegria de Cristo".[6]

Uma eterna novidade

11. Um anúncio renovado proporciona aos crentes, mesmo tíbios ou não praticantes, uma nova alegria na fé e uma fecundidade evangelizadora. Na realidade, o seu centro e a sua essência são sempre o mesmo: o Deus que manifestou o seu amor imenso em Cristo morto e ressuscitado. Ele torna os seus fiéis sempre novos; ainda que sejam idosos, "renovam as suas forças. Têm asas como a águia, correm sem se cansar, marcham sem desfalecer" (*Is* 40, 31). Cristo é a "Boa-Nova de valor eterno" (*Ap* 14, 6), sendo "o mesmo ontem, hoje e pelos séculos" (*Hb* 13, 8), mas a sua riqueza e a sua beleza são

---

[5] *Ibid.*, 360.

[6] Paulo VI, Exort. ap. *Evangelii nuntiandi* (8 de Dezembro de 1975), 80: *AAS* 68 (1976), 75.

inesgotáveis. Ele é sempre jovem, e fonte de constante novidade. A Igreja não cessa de se maravilhar com a "profundidade de riqueza, de sabedoria e de ciência de Deus" (*Rm* 11, 33). São João da Cruz dizia: "Esta espessura de sabedoria e ciência de Deus é tão profunda e imensa, que, por mais que a alma saiba dela, sempre pode penetrá-la mais profundamente".[7] Ou ainda, como afirmava Santo Irineu: "Na sua vinda, [Cristo] trouxe consigo toda a novidade".[8] Com a sua novidade, Ele pode sempre renovar a nossa vida e a nossa comunidade, e a proposta cristã, ainda que atravesse períodos obscuros e fraquezas eclesiais, nunca envelhece. Jesus Cristo pode romper também os esquemas enfadonhos em que pretendemos aprisioná-Lo, e surpreende-nos com a sua constante criatividade divina. Sempre que procuramos voltar à fonte e recuperar o frescor original do Evangelho, despontam novas estradas, métodos criativos, outras formas de expressão, sinais mais eloquentes, palavras cheias de renovado significado para o mundo atual. Na realidade, toda a ação evangelizadora autêntica é sempre "nova".

12. Embora esta missão nos exija uma entrega generosa, seria um erro considerá-la como uma heroica tarefa pessoal, dado que ela é, primariamente e acima

---

[7] *Cântico espiritual,* 36, 10.

[8] *Adversus haereses,* IV, 34, 1: *PG* 7, 1083: "*Omnem novitatem attulit, semetipsum afferens*".

de tudo o que possamos sondar e compreender, obra de Deus. Jesus é "o primeiro e o maior evangelizador".[9] Em qualquer forma de evangelização, o primado é sempre de Deus, que quis chamar-nos para cooperar com Ele e impelir-nos com a força do seu Espírito. A verdadeira novidade é aquela que o próprio Deus misteriosamente quer produzir, aquela que Ele inspira, aquela que Ele provoca, aquela que Ele orienta e acompanha de mil e uma maneiras. Em toda a vida da Igreja, deve-se sempre manifestar que a iniciativa pertence a Deus, "porque Ele nos amou primeiro" (*1 Jo* 4, 19) e é "só Deus que faz crescer" (*1 Cor* 3, 7). Esta convicção permite-nos manter a alegria no meio de uma tarefa tão exigente e desafiadora que ocupa inteiramente a nossa vida. Pede--nos tudo, mas ao mesmo tempo dá-nos tudo.

13. E também não deveremos entender a novidade desta missão como um desenraizamento, como um esquecimento da história viva que nos acolhe e impele para diante. A memória é uma dimensão da nossa fé, que, por analogia com a memória de Israel, poderíamos chamar "deuteronômica". Jesus deixa-nos a Eucaristia como memória cotidiana da Igreja, que nos introduz cada vez mais na Páscoa (cf. *Lc* 22, 19). A alegria evangelizadora refulge sempre sobre o horizonte da memória agradecida: é uma graça que precisamos

---

[9] PAULO VI, Exort. ap. *Evangelii nuntiandi* (8 de Dezembro de 1975), 7: *AAS* 68 (1976), 9.

pedir. Os Apóstolos nunca mais esqueceram o momento em que Jesus lhes tocou o coração: "Eram às quatro horas da tarde" (*Jo* 1, 39). A memória faz-nos presente, juntamente com Jesus, uma verdadeira "nuvem de testemunhas" (*Hb* 12, 1). De entre elas, distinguem-se algumas pessoas que incidiram de maneira especial para fazer germinar a nossa alegria crente: "Recordai--vos dos vossos guias, que vos pregaram a palavra de Deus" (*Hb* 13, 7). Às vezes, trata-se de pessoas simples e próximas de nós, que nos iniciaram na vida da fé: "Trago à memória a tua fé sem fingimento, que se encontrava já na tua avó Loide e na tua mãe Eunice" (*2 Tm* 1, 5). O crente é, fundamentalmente, "uma pessoa que faz memória".

3. A nova evangelização para a transmissão da fé

14. À escuta do Espírito, que nos ajuda a reconhecer comunitariamente os sinais dos tempos, celebrou--se de 7 a 28 de outubro de 2012 a XIII Assembleia Geral Ordinária do Sínodo dos Bispos, sobre o tema *A nova evangelização para a transmissão da fé cristã*. Lá foi recordado que a nova evangelização interpela a todos, realizando-se fundamentalmente em três âmbitos.[10] Em primeiro lugar, mencionamos o âmbito da

---

[10] Cf. *Propositio* 7.

pastoral ordinária, "animada pelo fogo do Espírito a fim de incendiar os corações dos fiéis que frequentam regularmente a comunidade, reunindo-se no dia do Senhor, para se alimentarem da sua Palavra e do Pão de vida eterna".[11] Devem ser incluídos também neste âmbito os fiéis que conservam uma fé católica intensa e sincera, exprimindo-a de diversos modos, embora não participem frequentemente no culto. Esta pastoral está orientada para o crescimento dos crentes, a fim de corresponderem cada vez melhor e com toda a sua vida ao amor de Deus.

Em segundo lugar, lembramos o âmbito das *"pessoas batizadas que*, porém, *não vivem as exigências do Batismo"*,[12] não sentem uma pertença cordial à Igreja e já não experimentam a consolação da fé. Mãe sempre solícita, a Igreja esforça-se para que elas vivam uma conversão que lhes restitua a alegria da fé e o desejo de se comprometerem com o Evangelho.

Por fim, frisamos que a evangelização está essencialmente relacionada com a proclamação do Evangelho *àqueles que não conhecem Jesus Cristo ou que sempre O recusaram.* Muitos deles buscam secretamente a Deus, movidos pela nostalgia do seu rosto, mesmo em

---

[11] BENTO XVI, *Homilia durante a Missa conclusiva da XIII Assembleia Geral Ordinária do Sínodo dos Bispos* (28 de Outubro de 2012): *AAS* 104 (2012), 890.

[12] *Ibidem.*

países de antiga tradição cristã. Todos têm o direito de receber o Evangelho. Os cristãos têm o dever de o anunciar, sem excluir ninguém, e não como quem impõe uma nova obrigação, mas como quem partilha uma alegria, indica um horizonte estupendo, oferece um banquete apetecível. A Igreja não cresce por proselitismo, mas "por atração".[13]

15. João Paulo II convidou-nos a reconhecer que "não se pode perder a tensão para o anúncio" àqueles que estão longe de Cristo, "porque esta é *a tarefa primária* da Igreja".[14] A atividade missionária "ainda hoje representa *o máximo desafio* para a Igreja"[15] e "a causa missionária *deve ser* […] *a primeira* de todas as causas".[16] Que sucederia se tomássemos realmente a sério estas palavras? Simplesmente reconheceríamos que a ação missionária é *o paradigma de toda a obra da Igreja*. Nesta linha, os Bispos latino-americanos afirmaram que "não podemos ficar tranquilos, em espera passiva, em nossos templos",[17] sendo necessário passar "de uma pastoral de mera conservação para uma

---

[13] BENTO XVI, *Homilia na Eucaristia de inauguração da V Conferência Geral do Episcopado Latino-americano e do Caribe* (Santuário da Aparecida – Brasil, 13 de Maio de 2007): *AAS* 99 (2007), 437.

[14] Carta enc. *Redemptoris missio* (7 de Dezembro de 1990), 34: *AAS* 83 (1991), 280.

[15] *Ibid.*, 40: *o. c.*, 287.

[16] *Ibid.*, 86: *o. c.*, 333.

[17] V CONFERÊNCIA GERAL DO EPISCOPADO LATINO-AMERICANO E DO CARIBE, *Documento de Aparecida* (29 de Junho de 2007), 548.

pastoral decididamente missionária".[18] Esta tarefa continua a ser a fonte das maiores alegrias para a Igreja: "Haverá mais alegria no Céu por um só pecador que se converte, do que por noventa e nove justos que não necessitam de conversão" (*Lc* 15, 7).

A proposta desta Exortação e seus contornos

16. Com prazer, aceitei o convite dos Padres sinodais para redigir esta Exortação.[19] Para o efeito, recolho a riqueza dos trabalhos do Sínodo; consultei também várias pessoas e pretendo, além disso, exprimir as preocupações que me movem neste momento concreto da obra evangelizadora da Igreja. Os temas relacionados com a evangelização no mundo atual, que se poderiam desenvolver aqui, são inumeráveis. Mas renunciei a tratar detalhadamente esta multiplicidade de questões que devem ser objeto de estudo e aprofundamento cuidadoso. Penso, aliás, que não se deve esperar do magistério papal uma palavra definitiva ou completa sobre todas as questões que dizem respeito à Igreja e ao mundo. Não convém que o Papa substitua os episcopados locais no discernimento de todas as problemáticas que sobressaem nos seus territórios. Neste sentido, sinto a necessidade de proceder a uma salutar "descentralização".

---

[18] *Ibid.*, 370.
[19] Cf. *Propositio* 1.

17. Aqui escolhi propor algumas diretrizes que possam encorajar e orientar, em toda a Igreja, uma nova etapa evangelizadora, cheia de ardor e dinamismo. Neste quadro e com base na doutrina da Constituição dogmática *Lumen gentium*, decidi, entre outros temas, de me deter amplamente sobre as seguintes questões:

a) A reforma da Igreja em saída missionária.
b) As tentações dos agentes pastorais.
c) A Igreja vista como a totalidade do povo de Deus que evangeliza.
d) A homilia e a sua preparação.
e) A inclusão social dos pobres.
f) A paz e o diálogo social.
g) As motivações espirituais para o compromisso missionário.

18. Demorei-me nestes temas, desenvolvendo-os de um modo que talvez possa parecer excessivo. Mas não o fiz com a intenção de oferecer um tratado, mas só para mostrar a relevante incidência prática destes assuntos na missão atual da Igreja. De fato, todos eles ajudam a delinear um preciso estilo evangelizador, que convido a assumir *em qualquer atividade que se realize*. E, desta forma, podemos assumir, no meio do nosso trabalho diário, esta exortação da Palavra de Deus: "Alegrai-vos sempre no Senhor! De novo vos digo: alegrai-vos!" (*Fl* 4, 4).

Capítulo I

A TRANSFORMAÇÃO MISSIONÁRIA DA IGREJA

19. A evangelização obedece ao mandato missionário de Jesus: "Ide, pois, fazei discípulos de todos os povos, batizando-os em nome do Pai, do Filho e do Espírito Santo, ensinando-os a cumprir tudo quanto vos tenho mandado" (*Mt* 28, 19-20). Nestes versículos, aparece o momento em que o Ressuscitado envia os seus a pregar o Evangelho em todos os tempos e lugares, para que a fé n'Ele se estenda a todos os cantos da terra.

1. Uma Igreja "em saída"

20. Na Palavra de Deus, aparece constantemente este dinamismo de "saída", que Deus quer provocar nos crentes. Abraão aceitou a chamada para partir rumo a uma nova terra (cf. *Gn* 12, 1-3). Moisés ouviu a chamada de Deus: "Vai! Eu te envio" (*Ex* 3, 10), e fez sair o povo para a terra prometida (cf. *Ex* 3, 17). A Jeremias disse: "Irás aonde Eu te enviar" (*Jr* 1, 7). Naquele "ide" de Jesus, estão presentes os cenários e os desafios sempre novos da missão evangelizadora da

Igreja, e hoje todos somos chamados a esta nova "saída" missionária. Cada cristão e cada comunidade há de discernir qual é o caminho que o Senhor lhe pede, mas todos somos convidados a aceitar esta chamada: sair da própria comodidade e ter a coragem de alcançar todas as periferias que precisam da luz do Evangelho.

21. A alegria do Evangelho, que enche a vida da comunidade dos discípulos, é uma alegria missionária. Experimentam-na os setenta e dois discípulos, que voltam da missão cheios de alegria (cf. *Lc* 10, 17). Vive-a Jesus, que exulta de alegria no Espírito Santo e louva o Pai, porque a sua revelação chega aos pobres e aos pequeninos (cf. *Lc* 10, 21). Sentem-na, cheios de admiração, os primeiros que se convertem no Pentecostes, ao ouvir "cada um na sua própria língua" (*At* 2, 6) a pregação dos Apóstolos. Esta alegria é um sinal de que o Evangelho foi anunciado e está a frutificar. Mas contém sempre a dinâmica do êxodo e do dom, de sair de si mesmo, de caminhar e de semear sempre de novo, sempre mais além. O Senhor diz: "Vamos para outra parte, para as aldeias vizinhas, a fim de pregar aí, pois foi para isso que Eu vim" (*Mc* 1, 38). Ele, depois de lançar a semente num lugar, não se demora lá a explicar melhor ou a cumprir novos sinais, mas o Espírito leva-O a partir para outras aldeias.

22. A Palavra possui, em si mesma, tal potencialidade, que não a podemos prever. O Evangelho fala

da semente que, uma vez lançada à terra, cresce por si mesma, inclusive quando o agricultor dorme (cf. *Mc* 4, 26-29). A Igreja deve aceitar esta liberdade incontrolável da Palavra, que é eficaz a seu modo e sob formas tão variadas que muitas vezes nos escapam, superando as nossas previsões e quebrando os nossos esquemas.

23. A intimidade da Igreja com Jesus é uma intimidade itinerante, e a comunhão "reveste essencialmente a forma de comunhão missionária".[20] Fiel ao modelo do Mestre, é vital que hoje a Igreja saia para anunciar o Evangelho a todos, em todos os lugares, em todas as ocasiões, sem demora, sem repugnâncias e sem medo. A alegria do Evangelho é para todo o povo, não se pode excluir ninguém; assim foi anunciada pelo anjo aos pastores de Belém: "Não temais, pois anuncio-vos uma grande alegria, que o será para *todo o povo*" (*Lc* 2, 10). O Apocalipse fala de "uma Boa-Nova de valor eterno para anunciar aos habitantes da terra: *a todas as nações, tribos, línguas e povos*" (*Ap* 14, 6).

"Primeirear", envolver-se, acompanhar, frutificar e festejar

24. A Igreja "em saída" é a comunidade de discípulos missionários que "primeireiam", que se envolvem, que acompanham, que frutificam e festejam.

---

[20] João Paulo II, Exort. ap. pós-sinodal *Christifideles laici* (30 de Dezembro de 1988), 32: *AAS* 81 (1989), 451.

Primeireiam – desculpai o neologismo –, tomam a iniciativa! A comunidade missionária experimenta que o Senhor tomou a iniciativa, precedeu-a no amor (cf. *1 Jo* 4, 10), e, por isso, ela sabe ir à frente, sabe tomar a iniciativa sem medo, ir ao encontro, procurar os afastados e chegar às encruzilhadas dos caminhos para convidar os excluídos. Vive um desejo inexaurível de oferecer misericórdia, fruto de ter experimentado a misericórdia infinita do Pai e a sua força difusiva. Ousemos um pouco mais no tomar a iniciativa! Como consequência, a Igreja sabe "envolver-se". Jesus lavou os pés dos seus discípulos. O Senhor envolve-Se e envolve os seus, pondo-Se de joelhos diante dos outros para lavá-los; mas, logo a seguir, diz aos discípulos: "Sereis felizes se o puserdes em prática" (*Jo* 13, 17). Com obras e gestos, a comunidade missionária entra na vida diária dos outros, encurta as distâncias, abaixa-se – se for necessário – até a humilhação e assume a vida humana, tocando a carne sofredora de Cristo no povo. Os evangelizadores contraem assim o "cheiro de ovelha", e estas escutam a sua voz. Em seguida, a comunidade evangelizadora dispõe-se a "acompanhar". Acompanha a humanidade em todos os seus processos, por mais duros e demorados que sejam. Conhece as longas esperas e a suportação apostólica. A evangelização patenteia muita paciência, e evita deter-se a considerar as limitações. Fiel ao dom do Senhor, sabe também "frutificar". A comunidade evangelizadora mantém-se atenta aos frutos, porque o Senhor a quer fecunda. Cuida do trigo e não perde a paz por causa do joio. O semeador, quando vê surgir o joio no meio do trigo, não tem reações lastimosas ou alarmistas. Encontra o modo para fazer com que a Palavra se encarne numa situação concreta e dê frutos de vida nova, apesar de serem aparentemente imperfeitos ou defeituosos. O discípulo sabe oferecer a vida inteira e jogá-la até ao martírio como testemunho de Jesus Cristo, mas o seu sonho não é estar cheio de inimigos, mas antes que a Palavra seja acolhida e manifeste a sua força libertadora e renovadora. Por fim, a comunidade evangelizadora jubilosa sabe sempre "festejar": celebra e festeja cada pequena vitória, cada passo em frente à evangelização. No meio desta exigência diária de fazer avançar o bem, a evangelização jubilosa torna-se beleza na liturgia. A Igreja evangeliza e se evangeliza com a beleza da liturgia, que é também celebração da atividade evangelizadora e fonte de um renovado impulso para se dar.

2. Pastoral em conversão

25. Não ignoro que hoje os documentos não suscitam o mesmo interesse que noutras épocas, acabando rapidamente esquecidos. Apesar disso sublinho que, aquilo que pretendo deixar expresso aqui, possui um significado programático e tem consequências

importantes. Espero que todas as comunidades se esforcem por atuar os meios necessários para avançar no caminho de uma conversão pastoral e missionária, que não pode deixar as coisas como estão. Neste momento, não nos serve uma "simples administração".[21] Constituamo-nos em "estado permanente de missão",[22] em todas as regiões da terra.

26. Paulo VI convidou a alargar o apelo à renovação de modo que ressalte, com força, que não se dirige apenas aos indivíduos, mas à Igreja inteira. Lembremos este texto memorável, que não perdeu a sua força interpeladora: "A Igreja deve aprofundar a consciência de si mesma, meditar sobre o seu próprio mistério [...]. Desta consciência esclarecida e operante deriva espontaneamente um desejo de comparar a imagem ideal da Igreja, tal como Cristo a viu, quis e amou, ou seja, como sua Esposa santa e imaculada (*Ef* 5, 27), com o rosto real que a Igreja apresenta hoje. [...] Em consequência disso, surge uma necessidade generosa e quase impaciente de renovação, isto é, de emenda dos defeitos, que aquela consciência denuncia e rejeita, como se fosse um exame interior ao espelho do modelo que Cristo nos deixou de Si mesmo".[23]

---

[21] V Conferência Geral do Episcopado Latino-americano e do Caribe, *Documento de Aparecida* (29 de Junho de 2007), 201.

[22] *Ibid.*, 551.

[23] Carta enc. *Ecclesiam suam* (6 de Agosto de 1964), 10-12: *AAS* 56 (1964), 611-612.

O Concílio Vaticano II apresentou a conversão eclesial como a abertura a uma reforma permanente de si mesma por fidelidade a Jesus Cristo: "Toda a renovação da Igreja consiste essencialmente numa maior fidelidade à própria vocação. [...] A Igreja peregrina é chamada por Cristo a esta reforma perene. Como instituição humana e terrena, a Igreja necessita perpetuamente desta reforma".[24]

Há estruturas eclesiais que podem chegar a condicionar um dinamismo evangelizador; de igual modo, as boas estruturas servem quando há uma vida que as anima, sustenta e avalia. Sem vida nova e espírito evangélico autêntico, sem "fidelidade da Igreja à própria vocação", toda e qualquer nova estrutura se corrompe em pouco tempo.

Uma renovação eclesial inadiável

27. Sonho com uma opção missionária capaz de transformar tudo, para que os costumes, os estilos, os horários, a linguagem e toda a estrutura eclesial se tornem um canal proporcionado mais à evangelização do mundo atual que à autopreservação. A reforma das estruturas, que a conversão pastoral exige, só se pode entender neste sentido: fazer com que todas elas se tornem mais missionárias, que a pastoral ordinária em

---

[24] Conc. Ecum. Vat. II, Decr. sobre o ecumenismo *Unitatis redintegratio*, 6.

todas as suas instâncias seja mais comunicativa e aberta, que coloque os agentes pastorais em atitude constante de "saída" e, assim, favoreça a resposta positiva de todos aqueles a quem Jesus oferece a sua amizade. Como dizia João Paulo II aos Bispos da Oceania, "toda a renovação na Igreja há de ter como alvo a missão, para não cair vítima de uma espécie de introversão eclesial".[25]

28. A paróquia não é uma estrutura caduca; precisamente porque possui uma grande plasticidade, pode assumir formas muito diferentes que requerem a docilidade e a criatividade missionária do Pastor e da comunidade. Embora não seja certamente a única instituição evangelizadora, se for capaz de se reformar e adaptar constantemente, continuará a ser "a própria Igreja que vive no meio das casas dos seus filhos e das suas filhas".[26] Isto supõe que esteja realmente em contato com as famílias e com a vida do povo, e não se torne uma estrutura complicada, separada das pessoas, nem um grupo de eleitos que olham para si mesmos. A paróquia é presença eclesial no território, âmbito para a escuta da Palavra, o crescimento da vida cristã, o diálogo, o anúncio, a caridade generosa, a adoração

---

[25] João Paulo II, Exort. ap. pós-sinodal *Ecclesia in Oceania* (22 de Novembro de 2001), 19: *AAS* 94 (2002), 390.

[26] João Paulo II, Exort. ap. pós-sinodal *Christifideles laici* (30 de Dezembro de 1988), 26: *AAS* 81 (1989), 438.

e a celebração.[27] Através de todas as suas atividades, a paróquia incentiva e forma os seus membros para serem agentes da evangelização.[28] É comunidade de comunidades, santuário onde os sedentos vão beber para continuarem a caminhar, e centro de constante envio missionário. Temos, porém, de reconhecer que o apelo à revisão e renovação das paróquias ainda não deu suficientemente fruto, tornando-se ainda mais próximas das pessoas, sendo âmbitos de viva comunhão e participação e orientando-se completamente para a missão.

29. As outras instituições eclesiais, comunidades de base e pequenas comunidades, movimentos e outras formas de associação são uma riqueza da Igreja que o Espírito suscita para evangelizar todos os ambientes e setores. Frequentemente trazem um novo ardor evangelizador e uma capacidade de diálogo com o mundo que renovam a Igreja. Mas é muito salutar que não percam o contato com esta realidade muito rica da paróquia local e que se integrem de bom grado na pastoral orgânica da Igreja particular.[29] Essa integração evitará que fiquem só com uma parte do Evangelho e da Igreja, ou que se transformem em nômades sem raízes.

---

[27] Cf. *Propositio* 26.

[28] Cf. *Propositio* 44.

[29] Cf. *Propositio* 26.

30. Cada Igreja particular, porção da Igreja Católica sob a guia do seu Bispo, está, também ela, chamada à conversão missionária. Ela é o sujeito primário da evangelização,[30] enquanto é a manifestação concreta da única Igreja num lugar da terra e, nela, "está verdadeiramente presente e opera a Igreja de Cristo, una, santa, católica e apostólica".[31] É a Igreja encarnada em um espaço concreto, dotada de todos os meios de salvação dados por Cristo, mas com um rosto local. A sua alegria de comunicar Jesus Cristo exprime-se tanto na sua preocupação por anunciá-Lo noutros lugares mais necessitados, como numa constante saída para as periferias do seu território ou para os novos âmbitos socioculturais.[32] Procura estar sempre onde fazem mais falta a luz e a vida do Ressuscitado.[33] Para que este impulso missionário seja cada vez mais intenso, generoso e fecundo, exorto também cada uma das Igrejas particulares a entrar decididamente num processo de discernimento, purificação e reforma.

31. O Bispo deve favorecer sempre a comunhão missionária na sua Igreja diocesana, seguindo o ideal

---

[30] Cf. *Propositio* 41.

[31] CONC. ECUM. VAT. II, Decr. sobre o múnus pastoral dos Bispos na Igreja *Christus Dominus*, 11.

[32] Cf. BENTO XVI, *Discurso por ocasião do 40º aniversário do Decreto "Ad gentes"* (11 de Março de 2006): *AAS* 98 (2006), 337.

[33] Cf. *Propositio* 42.

das primeiras comunidades cristãs, em que os crentes tinham um só coração e uma só alma (cf. *At* 4, 32). Para isso, às vezes por-se-á à frente para indicar a estrada e sustentar a esperança do povo, outras vezes manter-se-á simplesmente no meio de todos com a sua proximidade simples e misericordiosa e, em certas circunstâncias, deverá caminhar atrás do povo, para ajudar aqueles que se atrasaram e, sobretudo, porque o próprio rebanho possui o olfato para encontrar novas estradas. Na sua missão de promover uma comunhão dinâmica, aberta e missionária, deverá estimular e procurar o amadurecimento dos organismos de participação propostos pelo *Código de Direito Canônico*[34] e de outras formas de diálogo pastoral, com o desejo de ouvir a todos, e não apenas alguns sempre prontos a lisonjeá-lo. Mas o objetivo destes processos participativos não há de ser principalmente a organização eclesial, mas o sonho missionário de chegar a todos.

32. Dado que sou chamado a viver aquilo que peço aos outros, devo pensar também numa conversão do papado. Compete-me, como Bispo de Roma, permanecer aberto às sugestões tendentes a um exercício do meu ministério que o torne mais fiel ao significado que Jesus Cristo pretendeu dar-lhe e às necessidades atuais da evangelização. O Papa João Paulo II pediu

---

[34] Cf. câns. 460-468; 492-502; 511-514; 536-537.

que o ajudassem a encontrar "uma forma de exercício do primado que, sem renunciar de modo algum ao que é essencial da sua missão, se abra a uma situação nova".[35] Pouco temos avançado neste sentido. Também o papado e as estruturas centrais da Igreja universal precisam ouvir este apelo a uma conversão pastoral. O Concílio Vaticano II afirmou que, à semelhança das antigas Igrejas patriarcais, as conferências episcopais podem "aportar uma contribuição múltipla e fecunda, para que o sentimento colegial leve a aplicações concretas".[36] Mas este desejo não se realizou plenamente, porque ainda não foi suficientemente explicitado um estatuto das conferências episcopais que as considere como sujeitos de atribuições concretas, incluindo alguma autêntica autoridade doutrinal.[37] Uma centralização excessiva, em vez de ajudar, complica a vida da Igreja e a sua dinâmica missionária.

33. A pastoral em chave missionária exige o abandono deste cômodo critério pastoral: "fez-se sempre assim". Convido todos a serem ousados e criativos nesta tarefa de repensar os objetivos, as estruturas, o estilo e os métodos evangelizadores das respectivas comunidades. Uma identificação dos fins, sem uma

---

[35] Carta enc. *Ut unum sint* (25 de Maio de 1995), 95: *AAS* 87 (1995), 977-978.

[36] CONC. ECUM. VAT. II, Const. dogm. sobre a Igreja *Lumen gentium*, 23.

[37] Cf. JOÃO PAULO II, Motu proprio *Apostolos suos* (21 de Maio de 1998): *AAS* 90 (1998), 641-658.

condigna busca comunitária dos meios para alcançá-los, está condenada a traduzir-se em mera fantasia. A todos exorto a aplicarem, com generosidade e coragem, as orientações deste documento, sem impedimentos nem receios. Importante é não caminhar sozinho, mas ter sempre em conta os irmãos e, de modo especial, a guia dos Bispos, num discernimento pastoral sábio e realista.

3. A partir do coração do Evangelho

34. Se pretendemos colocar tudo em chave missionária, isso se aplica também à maneira de comunicar a mensagem. No mundo atual, com a velocidade das comunicações e a seleção interessada dos conteúdos feita pelos meios de comunicação social, a mensagem que anunciamos corre mais do que nunca o risco de aparecer mutilada e reduzida a alguns dos seus aspectos secundários. Consequentemente, algumas questões que fazem parte da doutrina moral da Igreja ficam fora do contexto que lhes dá sentido. O problema maior ocorre quando a mensagem que anunciamos parece então identificada com tais aspectos secundários, que, apesar de serem relevantes, por si só não manifestam o coração da mensagem de Jesus Cristo. Portanto, convém ser realistas e não dar por suposto que os nossos interlocutores conhecem o horizonte completo daquilo que dizemos ou que eles podem relacionar o nosso discurso com o

núcleo essencial do Evangelho que lhe confere sentido, beleza e fascínio.

35. Uma pastoral em chave missionária não está obsecada pela transmissão desarticulada de uma imensidade de doutrinas que se tentam impor à força de insistir. Quando se assume um objetivo pastoral e um estilo missionário, que chegue realmente a todos sem exceções nem exclusões, o anúncio concentra-se no essencial, no que é mais belo, mais importante, mais atraente e, ao mesmo tempo, mais necessário. A proposta acaba simplificada, sem com isso perder profundidade e verdade, e assim se torna mais convincente e radiosa.

36. Todas as verdades reveladas procedem da mesma fonte divina e são acreditadas com a mesma fé, mas algumas delas são mais importantes por exprimir mais diretamente o coração do Evangelho. Neste núcleo fundamental, o que sobressai é *a beleza do amor salvífico de Deus manifestado em Jesus Cristo morto e ressuscitado*. Neste sentido, o Concílio Vaticano II afirmou que "existe uma ordem ou 'hierarquia' das verdades da doutrina católica, já que o nexo delas com o fundamento da fé cristã é diferente".[38] Isto é válido tanto para os dogmas da fé como para o conjunto dos ensinamentos da Igreja, incluindo a doutrina moral.

---

[38] CONC. ECUM. VAT. II, Decr. sobre o ecumenismo *Unitatis redintegratio*, 11.

37. São Tomás de Aquino ensinava que, também na mensagem moral da Igreja, há uma *hierarquia* nas virtudes e ações que delas procedem.[39] Aqui o que conta é, antes de mais nada, "a fé que atua pelo amor" (*Gl* 5, 6). As obras de amor ao próximo são a manifestação externa mais perfeita da graça interior do Espírito: "O elemento principal da Nova Lei é a graça do Espírito Santo, que se manifesta através da fé que opera pelo amor".[40] Por isso afirma que, relativamente ao agir exterior, a misericórdia é a maior de todas as virtudes: "Em si mesma, a misericórdia é a maior das virtudes; na realidade, compete-lhe debruçar-se sobre os outros e – o que mais conta – remediar as misérias alheias. Ora, isto é tarefa especialmente de quem é superior; é por isso que se diz que é próprio de Deus usar de misericórdia e é, sobretudo nisto, que se manifesta a sua onipotência".[41]

38. É importante tirar as consequências pastorais desta doutrina conciliar, que recolhe uma antiga

---

[39] Cf. *Summa theologiae* I-II, q. 66, a. 4-6.

[40] *Ibid*. I-II, q. 108, a. 1.

[41] *Ibid*. II-II, q. 30, a. 4. Cf. ainda II-II, q. 40, a. 4, ad 1: "O nosso culto a Deus com sacrifícios e com ofertas exteriores não é exercido em proveito d'Ele, mas nosso e do próximo. Na realidade, Deus não precisa dos nossos sacrifícios, mas deseja que os mesmos Lhe sejam oferecidos para nossa devoção e utilidade do próximo. Por isso a misericórdia, pela qual se socorre a miséria alheia, é o sacrifício que mais Lhe agrada, porque assegura mais de perto o bem do próximo".

convicção da Igreja. Antes de tudo, deve-se dizer que, no anúncio do Evangelho, é necessário que haja uma proporção adequada. Esta se reconhece na frequência com que se mencionam alguns temas e nas acentuações postas na pregação. Por exemplo, se um pároco, durante um ano litúrgico, fala dez vezes sobre a temperança e apenas duas ou três vezes sobre a caridade ou sobre a justiça, gera-se uma desproporção, acabando obscurecidas precisamente aquelas virtudes que deveriam estar mais presentes na pregação e na catequese. E o mesmo acontece quando se fala mais da lei que da graça, mais da Igreja que de Jesus Cristo, mais do Papa que da Palavra de Deus.

39. Tal como existe uma unidade orgânica entre as virtudes que impede de excluir qualquer uma delas do ideal cristão, assim também nenhuma verdade é negada. Não é preciso mutilar a integridade da mensagem do Evangelho. Além disso, cada verdade entende-se melhor se a colocarmos em relação com a totalidade harmoniosa da mensagem cristã: e, neste contexto, todas as verdades têm a sua própria importância e iluminam-se reciprocamente. Quando a pregação é fiel ao Evangelho, manifesta-se com clareza a centralidade de algumas verdades e fica claro que a pregação moral cristã não é uma ética estoica, é mais do que uma ascese, não é uma mera filosofia prática nem um catálogo de pecados e erros. O Evangelho convida, antes de tudo, a responder

a Deus que nos ama e salva, reconhecendo-O nos outros e saindo de nós mesmos para procurar o bem de todos. Este convite não há de ser obscurecido em nenhuma circunstância! Todas as virtudes estão ao serviço desta resposta de amor. Se tal convite não refulge com vigor e fascínio, o edifício moral da Igreja corre o risco de se tornar um castelo de cartas, sendo este o nosso pior perigo; é que, então, não estaremos propriamente a anunciar o Evangelho, mas algumas acentuações doutrinais ou morais, que derivam de certas opções ideológicas. A mensagem correrá o risco de perder o seu frescor e já não ter "o perfume do Evangelho".

4. A missão que se encarna nas limitações humanas

40. A Igreja, que é discípula missionária, tem necessidade de crescer na sua interpretação da Palavra revelada e na sua compreensão da verdade. A tarefa dos exegetas e teólogos ajuda a "amadurecer o juízo da Igreja".[42] Embora de modo diferente, fazem-no também as outras ciências. Referindo-se às ciências sociais, por exemplo, João Paulo II disse que a Igreja presta atenção às suas contribuições "para obter indicações concretas que a ajudem no cumprimento da sua missão de

---

[42] Conc. Ecum. Vat. II, Const. dogm. sobre a Revelação divina *Dei Verbum*, 12.

Magistério".[43] Além disso, dentro da Igreja, há inúmeras questões em torno das quais se indaga e reflete com grande liberdade. As diversas linhas de pensamento filosófico, teológico e pastoral, se se deixam harmonizar pelo Espírito no respeito e no amor, podem fazer crescer a Igreja, enquanto ajudam a explicitar melhor o tesouro riquíssimo da Palavra. A quantos sonham com uma doutrina monolítica defendida sem nuances por todos, isto poderá parecer uma dispersão imperfeita; mas a realidade é que tal variedade ajuda a manifestar e desenvolver melhor os diversos aspectos da riqueza inesgotável do Evangelho.[44]

41. Ao mesmo tempo, as enormes e rápidas mudanças culturais exigem que prestemos constante atenção ao tentar exprimir as verdades de sempre numa linguagem que permita reconhecer a sua permanente novidade; é que, no depósito da doutrina cristã, "uma coisa é a substância [...] e outra é a formulação que a

---

[43] Motu proprio *Socialium scientiarum* (1 de Janeiro de 1994): *AAS* 86 (1994), 209.

[44] São Tomás de Aquino sublinhava que a multiplicidade e a distinção "provêm da intenção do primeiro agente", d'Aquele que quis que, "aquilo que faltasse a cada coisa para representar a bondade divina, fosse compensado pelas outras", porque a sua bondade "não poderia ser representada convenientemente por uma só criatura" *(Summa theologiae* I, q. 47, a. 1). Por isso, precisamos captar a variedade das coisas nas suas múltiplas relações (cf. *ibid.* I, q. 47, a. 2, ad 1; q. 47, a. 3). Por análogas razões, temos necessidade de ouvir-nos uns aos outros e completar-nos na nossa recepção parcial da realidade e do Evangelho.

reveste".[45] Por vezes, mesmo ouvindo uma linguagem totalmente ortodoxa, aquilo que os fiéis recebem, devido à linguagem que eles mesmos utilizam e compreendem, é algo que não corresponde ao verdadeiro Evangelho de Jesus Cristo. Com a santa intenção de lhes comunicar a verdade sobre Deus e o ser humano, em algumas ocasiões, damos-lhes um falso deus ou um ideal humano que não é verdadeiramente cristão. Deste modo, somos fiéis a uma formulação, mas não transmitimos a substância. Este é o risco mais grave. Lembremo-nos de que "a expressão da verdade pode ser multiforme. E a renovação das formas de expressão torna-se necessária para transmitir ao homem de hoje a mensagem evangélica no seu significado imutável".[46]

42. Isto possui uma grande relevância no anúncio do Evangelho, se temos verdadeiramente a peito fazer perceber melhor a sua beleza e fazê-la acolher por todos. Em todo o caso, não poderemos jamais tornar os ensinamentos da Igreja uma realidade facilmente compreensível e felizmente apreciada por todos; a fé conserva sempre um aspecto de cruz, certa obscuridade que não tira firmeza à sua adesão. Há coisas que

---

[45] João XXIII, *Discurso na inauguração do Concílio Vaticano II* (11 de Outubro de 1962), VI, 5: *AAS 54* (1962), 792: "*Est enim aliud ipsum depositum Fidei, seu veritates, quae veneranda doctrina nostra continentur, aliud modus, quo eaedem enuntiantur*".

[46] João Paulo II, Carta enc. *Ut unum sint* (25 de Maio de 1995), 19: *AAS 87* (1995), 933.

se compreendem e apreciam só a partir desta adesão que é irmã do amor, para além da clareza com que se possam compreender as razões e os argumentos. Por isso, é preciso recordar-se de que cada ensinamento da doutrina deve situar-se na atitude evangelizadora que desperte a adesão do coração com a proximidade, o amor e o testemunho.

43. No seu constante discernimento, a Igreja pode chegar também a reconhecer costumes próprios não diretamente ligados ao núcleo do Evangelho, alguns muito radicados no curso da história, que hoje já não são interpretados da mesma maneira e cuja mensagem habitualmente não é percebida de modo adequado. Podem até ser belos, mas agora não prestam o mesmo serviço à transmissão do Evangelho. Não tenhamos medo de revê-los! Da mesma forma, há normas ou preceitos eclesiais que podem ter sido muito eficazes noutras épocas, mas já não têm a mesma força educativa como canais de vida. São Tomás de Aquino sublinhava que os preceitos dados por Cristo e pelos Apóstolos ao povo de Deus "são pouquíssimos".[47] E, citando Santo Agostinho, observava que os preceitos adicionados posteriormente pela Igreja se devem exigir com moderação, "para não tornar pesada a vida aos fiéis" nem transformar a nossa religião numa escravidão, quando "a misericórdia de

---

[47] *Summa theologiae* I-II, q. 107, a. 4.

Deus quis que fosse livre".[48] Esta advertência, feita há vários séculos, tem uma atualidade tremenda. Deveria ser um dos critérios a considerar, quando se pensa numa reforma da Igreja e da sua pregação que permita realmente chegar a todos.

44. Aliás, tanto os Pastores como todos os fiéis que acompanham os seus irmãos na fé ou num caminho de abertura a Deus não podem esquecer aquilo que ensina, com muita clareza, o *Catecismo da Igreja Católica*: "A imputabilidade e responsabilidade de um ato podem ser diminuídas, e até anuladas, pela ignorância, inadvertência, violência, medo, hábitos, afeições desordenadas e outros fatores psíquicos ou sociais".[49]

Portanto, sem diminuir o valor do ideal evangélico, é preciso acompanhar, com misericórdia e paciência, as possíveis etapas de crescimento das pessoas, que se vão construindo dia após dia.[50] Aos sacerdotes, lembro que o confessionário não deve ser uma câmara de tortura, mas o lugar da misericórdia do Senhor que nos incentiva a praticar o bem possível. Um pequeno passo, no meio de grandes limitações humanas, pode ser mais agradável a Deus do que a vida externamente

---

[48] *Ibidem*.

[49] N. 1735.

[50] Cf. João Paulo II, Exort. ap. pós-sinodal *Familiaris consortio* (22 de Novembro de 1981), 34: *AAS* 74 (1982), 123-125.

correta de quem transcorre os seus dias sem enfrentar sérias dificuldades. A todos deve chegar a consolação e o estímulo do amor salvífico de Deus, que opera misteriosamente em cada pessoa, para além dos seus defeitos e das suas quedas.

45. Vemos assim que o compromisso evangelizador se move por entre as limitações da linguagem e das circunstâncias. Procura comunicar cada vez melhor a verdade do Evangelho num contexto determinado, sem renunciar à verdade, ao bem e à luz que pode dar quando a perfeição não é possível. Um coração missionário está consciente destas limitações, fazendo-se "fraco com os fracos [...] e tudo para todos" (*1 Cor* 9, 22). Nunca se fecha, nunca se refugia nas próprias seguranças, nunca opta pela rigidez autodefensiva. Sabe que ele mesmo deve crescer na compreensão do Evangelho e no discernimento das sendas do Espírito, e assim não renuncia ao bem possível, ainda que corra o risco de sujar-se com a lama da estrada.

5. Uma mãe de coração aberto

46. A Igreja "em saída" é uma Igreja com as portas abertas. Sair em direção aos outros para chegar às periferias humanas não significa correr pelo mundo sem direção nem sentido. Muitas vezes é melhor diminuir o ritmo, pôr à parte a ansiedade para olhar nos olhos e escutar, ou renunciar às urgências para acompanhar quem

ficou caído à beira do caminho. Às vezes, é como o pai do filho pródigo, que continua com as portas abertas para, quando este voltar, poder entrar sem dificuldade.

47. A Igreja é chamada a ser sempre a casa aberta do Pai. Um dos sinais concretos desta abertura é ter, por todo lado, igrejas com as portas abertas. Assim, se alguém quiser seguir uma moção do Espírito e se aproximar à procura de Deus, não esbarrará com a frieza de uma porta fechada. Mas há outras portas que também não se devem fechar: todos podem participar de alguma forma na vida eclesial, todos podem fazer parte da comunidade, e nem sequer as portas dos sacramentos se deveriam fechar por uma razão qualquer. Isto vale, sobretudo, quando se trata daquele sacramento que é a "porta": o Batismo. A Eucaristia, embora constitua a plenitude da vida sacramental, não é um prêmio para os perfeitos, mas um remédio generoso e um alimento para os fracos.[51] Estas convicções têm também consequências pastorais, que somos chamados a considerar

---

[51] "Devo recebê-lo sempre, para que sempre perdoe os meus pecados. Se peco continuamente, devo ter sempre um *remédio*" (Santo Ambrósio, *De Sacramentis*, IV, 6, 28: *PL* 16, 464). "Aquele que comeu o maná, morreu; aquele que come deste corpo, obterá o perdão dos seus pecados" (*Ibid.*, IV, 5, 24: *o. c.*, 445). "Examinei a mim mesmo e reconheci-me indigno. Àqueles que assim falam, eu digo: E quando sereis dignos? Então quando vos apresentareis diante de Cristo? E, se os vossos pecados impedem de vos aproximar e se nunca parais de cair – quem conhece os seus delitos?: diz o salmo – ficareis sem tomar parte na santificação que vivifica para a eternidade?" (São Cirilo de Alexandria, In *Johannis evangelium*, IV, 2: PG 73, 584-585).

com prudência e audácia. Muitas vezes agimos como controladores da graça e não como facilitadores. Mas a Igreja não é uma alfândega; é a casa paterna, onde há lugar para todos com a sua vida fadigosa.

48. Se a Igreja inteira assume este dinamismo missionário, há de chegar a todos, sem exceção. Mas a quem deveria privilegiar? Quando se lê o Evangelho, encontramos uma orientação muito clara: não tanto aos amigos e vizinhos ricos, mas sobretudo aos pobres e aos doentes, àqueles que muitas vezes são desprezados e esquecidos, "àqueles que não têm com que te retribuir" (*Lc* 14, 14). Não devem subsistir dúvidas nem explicações que debilitem esta mensagem claríssima. Hoje e sempre, "os pobres são os destinatários privilegiados do Evangelho",[52] e a evangelização dirigida gratuitamente a eles é sinal do Reino que Jesus veio trazer. Há que afirmar sem rodeios que existe um vínculo indissolúvel entre a nossa fé e os pobres. Não os deixemos jamais sozinhos!

49. Saiamos, saiamos para oferecer a todos a vida de Jesus Cristo! Repito aqui, para toda a Igreja, aquilo que muitas vezes disse aos sacerdotes e aos leigos de Buenos Aires: prefiro uma Igreja acidentada,

---

[52] BENTO XVI, *Discurso durante o encontro com o Episcopado Brasileiro* (Catedral de São Paulo – Brasil, 11 de Maio de 2007), 3: *AAS* 99 (2007), 428.

ferida e enlameada por ter saído pelas estradas, a uma Igreja enferma pelo fechamento e a comodidade de se agarrar às próprias seguranças. Não quero uma Igreja preocupada com ser o centro, e que acaba presa em um emaranhado de obsessões e procedimentos. Se alguma coisa nos deve santamente inquietar e preocupar a nossa consciência é que haja tantos irmãos nossos que vivem sem a força, a luz e a consolação da amizade com Jesus Cristo, sem uma comunidade de fé que os acolha, sem um horizonte de sentido e de vida. Mais do que o temor de falhar, espero que nos mova o medo de nos encerrarmos nas estruturas que nos dão uma falsa proteção, nas normas que nos transformam em juízes implacáveis, nos hábitos em que nos sentimos tranquilos, enquanto lá fora há uma multidão faminta e Jesus repete-nos sem cessar: "Dai-lhes vós mesmos de comer" (*Mc* 6, 37).

Capítulo II

NA CRISE DO COMPROMISSO COMUNITÁRIO

50. Antes de falar de algumas questões fundamentais relativas à ação evangelizadora, convém recordar brevemente o contexto em que temos de viver e agir. É habitual hoje falar-se de um "excesso de diagnóstico", que nem sempre é acompanhado por propostas resolutivas e realmente aplicáveis. Por outro lado, também não nos seria de grande proveito um olhar puramente sociológico, que tivesse a pretensão, com a sua metodologia, de abraçar toda a realidade de maneira supostamente neutra e asséptica. O que quero oferecer situa-se mais na linha de um *discernimento evangélico*. É o olhar do discípulo missionário que "se nutre da luz e da força do Espírito Santo".[53]

51. Não é função do Papa oferecer uma análise detalhada e completa da realidade contemporânea, mas animo todas as comunidades a "uma capacidade

---

[53] João Paulo II, Exort. ap. pós-sinodal *Pastores dabo vobis* (25 de Março de 1992), 10: *AAS* 84 (1992), 673.

sempre vigilante de estudar os sinais dos tempos".[54] Trata-se de uma responsabilidade grave, pois algumas realidades hodiernas, se não encontrarem boas soluções, podem desencadear processos de desumanização tais que será difícil depois retroceder. É preciso esclarecer o que pode ser um fruto do Reino e também o que atenta contra o projeto de Deus. Isto implica não só reconhecer e interpretar as moções do espírito bom e do espírito mau, mas também – e aqui está o ponto decisivo – escolher as do espírito bom e rejeitar as do espírito mau. Pressuponho as várias análises que ofereceram os outros documentos do Magistério universal, bem como as propostas pelos episcopados regionais e nacionais. Nesta Exortação, pretendo debruçar-me, brevemente e numa perspectiva pastoral, apenas sobre alguns aspectos da realidade que podem deter ou enfraquecer os dinamismos de renovação missionária da Igreja, seja porque afetam a vida e a dignidade do povo de Deus, seja porque incidem sobre os sujeitos que mais diretamente participam nas instituições eclesiais e nas tarefas de evangelização.

---

[54] Paulo VI, Carta enc. *Ecclesiam suam* (6 de Agosto de 1964), 19: *AAS* 56 (1964), 632.

1. Alguns desafios do mundo atual

52. A humanidade vive, neste momento, uma viragem histórica, que podemos constatar nos progressos que se verificam em vários campos. São louváveis os sucessos que contribuem para o bem-estar das pessoas, por exemplo, no âmbito da saúde, da educação e da comunicação. Todavia, não podemos esquecer que a maior parte dos homens e mulheres do nosso tempo vive o seu dia a dia precariamente, com funestas consequências. Aumentam algumas doenças. O medo e o desespero apoderam-se do coração de inúmeras pessoas, mesmo nos chamados países ricos. A alegria de viver frequentemente se desvanece; crescem a falta de respeito e a violência, a desigualdade social torna--se cada vez mais patente. É preciso lutar para viver, e muitas vezes viver com pouca dignidade. Esta mudança de época foi causada pelos enormes saltos qualitativos, quantitativos, velozes e acumulados que se verificam no progresso científico, nas inovações tecnológicas e nas suas rápidas aplicações em diversos âmbitos da natureza e da vida. Estamos na era do conhecimento e da informação, fonte de novas formas de um poder muitas vezes anônimo.

Não a uma economia da exclusão

53. Assim como o mandamento "não matar" põe um limite claro para assegurar o valor da vida

humana, assim também hoje devemos dizer "não a uma economia da exclusão e da desigualdade social". Esta economia mata. Não é possível que a morte por enregelamento de um idoso sem abrigo não seja notícia, enquanto o é a descida de dois pontos na Bolsa. Isto é exclusão. Não se pode tolerar mais o fato de se lançar comida no lixo, quando há pessoas que passam fome. Isto é desigualdade social. Hoje, tudo entra no jogo da competitividade e da lei do mais forte, onde o poderoso engole o mais fraco. Em consequência desta situação, grandes massas da população veem-se excluídas e marginalizadas: sem trabalho, sem perspectivas, num beco sem saída. O ser humano é considerado, em si mesmo, como um bem de consumo que se pode usar e depois lançar fora. Assim teve início a cultura do "descartável", que, aliás, chega a ser promovida. Já não se trata simplesmente do fenômeno de exploração e opressão, mas de uma realidade nova: com a exclusão, fere-se, na própria raiz, a pertença à sociedade onde se vive, pois quem vive nas favelas, na periferia ou sem poder já não está nela, mas fora. Os excluídos não são "explorados", mas resíduos, "sobras".

54. Neste contexto, alguns defendem ainda as teorias da "recaída favorável" que pressupõem que todo o crescimento econômico, favorecido pelo livre mercado, consegue por si mesmo produzir maior equidade e inclusão social no mundo. Esta opinião, que nunca foi

confirmada pelos fatos, exprime uma confiança vaga e ingênua na bondade daqueles que detêm o poder econômico e nos mecanismos sacralizados do sistema econômico reinante. Entretanto, os excluídos continuam a esperar. Para se poder apoiar um estilo de vida que exclui os outros ou mesmo entusiasmar-se com este ideal egoísta, desenvolveu-se uma globalização da indiferença. Quase sem nos dar conta, tornamo-nos incapazes de nos compadecer ao ouvir os clamores alheios, já não choramos à vista do drama dos outros, nem nos interessamos por cuidar deles, como se tudo fosse uma responsabilidade de outrem, que não nos incumbe. A cultura do bem-estar anestesia-nos, a ponto de perdermos a serenidade se o mercado oferece algo que ainda não compramos, enquanto todas estas vidas ceifadas por falta de possibilidades nos parecem um mero espetáculo que não nos incomoda de forma alguma.

Não à nova idolatria do dinheiro

55. Uma das causas desta situação está na relação estabelecida com o dinheiro, porque aceitamos pacificamente o seu domínio sobre nós e as nossas sociedades. A crise financeira que atravessamos faz-nos esquecer de que, na sua origem, há uma crise antropológica profunda: a negação da primazia do ser humano. Criamos novos ídolos. A adoração do antigo bezerro de ouro (cf. *Ex* 32, 1-35) encontrou uma nova e cruel versão no fetichismo do dinheiro e na ditadura de uma economia

sem rosto e sem um objetivo verdadeiramente humano. A crise mundial, que investe as finanças e a economia, põe a descoberto os seus próprios desequilíbrios e, sobretudo, a grave carência de uma orientação antropológica que reduz o ser humano apenas a uma das suas necessidades: o consumo.

56. Enquanto os lucros de poucos crescem exponencialmente, os da maioria situam-se cada vez mais longe do bem-estar daquela minoria feliz. Tal desequilíbrio provém de ideologias que defendem a autonomia absoluta dos mercados e a especulação financeira. Por isso, negam o direito de controle dos Estados, encarregados de velar pela tutela do bem comum. Instaura-se uma nova tirania invisível, às vezes virtual, que impõe, de forma unilateral e implacável, as suas leis e as suas regras. Além disso, a dívida e os respectivos juros afastam os países das possibilidades viáveis da sua economia, e os cidadãos do seu real poder de compra. A tudo isto vem juntar-se uma corrupção ramificada e uma evasão fiscal egoísta, que assumiram dimensões mundiais. A ambição do poder e do ter não conhece limites. Neste sistema que tende a fagocitar tudo para aumentar os benefícios, qualquer realidade que seja frágil, como o meio ambiente, fica indefesa face aos interesses do mercado divinizado, transformados em regra absoluta.

Não a um dinheiro que governa em vez de servir

57. Por detrás desta atitude, escondem-se a rejeição da ética e a recusa de Deus. Para a ética, olha-se habitualmente com certo desprezo sarcástico; é considerada contraproducente, demasiado humana, porque relativiza o dinheiro e o poder. É sentida como uma ameaça, porque condena a manipulação e degradação da pessoa. Em última instância, a ética leva a Deus que espera uma resposta comprometida que está fora das categorias do mercado. Para estas, se absolutizadas, Deus é incontrolável, não manipulável e até mesmo perigoso, na medida em que chama o ser humano à sua plena realização e à independência de qualquer tipo de escravidão. A ética – uma ética não ideologizada – permite criar um equilíbrio e uma ordem social mais humana. Neste sentido, animo os peritos financeiros e os governantes dos vários países a considerarem as palavras de um sábio da antiguidade: "Não fazer os pobres participar dos seus próprios bens é roubá-los e tirar-lhes a vida. Não são nossos, mas deles, os bens que aferrolhamos".[55]

58. Uma reforma financeira que tivesse em conta a ética exigiria uma vigorosa mudança de atitudes por parte dos dirigentes políticos, a quem exorto a enfrentar este desafio com determinação e clarividência, sem

---

[55] São João Crisóstomo, *Homilia sobre Lázaro*, II, 6: *PG* 48, 992D.

esquecer naturalmente a especificidade de cada contexto. O dinheiro deve servir, e não governar! O Papa ama a todos, ricos e pobres, mas tem a obrigação, em nome de Cristo, de lembrar que os ricos devem ajudar os pobres, respeitá-los e promovê-los. Exorto-vos a uma solidariedade desinteressada e a um regresso da economia e das finanças a uma ética propícia ao ser humano.

Não à desigualdade social que gera violência

59. Hoje, em muitas partes, reclama-se maior segurança. Mas, enquanto não se eliminar a exclusão e a desigualdade dentro da sociedade e entre os vários povos, será impossível desarraigar a violência. Acusam-se da violência os pobres e as populações mais pobres, mas, sem igualdade de oportunidades, as várias formas de agressão e de guerra encontrarão um terreno fértil que, mais cedo ou mais tarde, há de provocar a explosão. Quando a sociedade – local, nacional ou mundial – abandona na periferia uma parte de si mesma, não há programas políticos nem forças da ordem ou serviços secretos que possam garantir indefinidamente a tranquilidade. Isto não acontece apenas porque a desigualdade social provoca a reação violenta de quantos são excluídos do sistema, mas porque o sistema social e econômico é injusto na sua raiz. Assim como o bem tende a difundir-se, assim também o mal consentido, que é a injustiça, tende a expandir a sua força nociva e a minar, silenciosamente, as bases

de qualquer sistema político e social, por mais sólido que pareça. Se cada ação tem consequências, um mal embrenhado nas estruturas de uma sociedade sempre contém um potencial de dissolução e de morte. É o mal cristalizado nas estruturas sociais injustas, a partir do qual não podemos esperar um futuro melhor. Estamos longe do chamado "fim da história", já que as condições de um desenvolvimento sustentável e pacífico ainda não estão adequadamente implantadas e realizadas.

60. Os mecanismos da economia atual promovem uma exacerbação do consumo, mas sabe-se que o consumismo desenfreado, aliado à desigualdade social, é duplamente danoso para o tecido social. Assim, mais cedo ou mais tarde, a desigualdade social gera uma violência que as corridas armamentistas não resolvem nem poderão resolver jamais. Servem apenas para tentar enganar aqueles que reclamam maior segurança, como se hoje não se soubesse que as armas e a repressão violenta, mais do que dar solução, criam novos e piores conflitos. Alguns se comprazem simplesmente em culpar, dos próprios males, os pobres e os países pobres, com generalizações indevidas, e pretendem encontrar a solução em uma "educação" que os tranquilize e transforme em seres domesticados e inofensivos. Isto se torna ainda mais irritante quando os excluídos veem crescer este câncer social que é a corrupção profundamente radicada em muitos países – nos seus Governos,

empresários e instituições –, seja qual for a ideologia política dos governantes.

Alguns desafios culturais

61. Evangelizamos também procurando enfrentar os diferentes desafios que se nos podem apresentar.[56] Às vezes, estes se manifestam em verdadeiros ataques à liberdade religiosa ou em novas situações de perseguição aos cristãos, que, em alguns países, atingiram níveis alarmantes de ódio e violência. Em muitos lugares, trata-se mais de uma generalizada indiferença relativista, relacionada com a desilusão e a crise das ideologias que se verificou como reação a tudo o que pareça totalitário. Isto não prejudica só a Igreja, mas a vida social em geral. Reconhecemos que, numa cultura onde cada um pretende ser portador de uma verdade subjetiva própria, torna-se difícil que os cidadãos queiram inserir-se num projeto comum que vai além dos benefícios e desejos pessoais.

62. Na cultura dominante, ocupa o primeiro lugar aquilo que é exterior, imediato, visível, rápido, superficial, provisório. O real cede o lugar à aparência. Em muitos países, a globalização comportou uma acelerada deterioração das raízes culturais com a invasão de tendências pertencentes a outras culturas, economicamente

---

[56] Cf. *Propositio* 13.

desenvolvidas mas eticamente debilitadas. Assim se exprimiram, em distintos Sínodos, os Bispos de vários continentes. Há alguns anos, os Bispos da África, por exemplo, retomando a Encíclica *Sollicitudo rei socialis*, assinalaram que muitas vezes se quer transformar os países africanos em meras "peças de um mecanismo, partes de uma engrenagem gigantesca. Isto se verifica com frequência também no domínio dos meios de comunicação social, os quais, sendo na sua maior parte geridos por centros situados na parte norte do mundo, nem sempre têm na devida conta as prioridades e os problemas próprios desses países e não respeitam a sua fisionomia cultural".[57] De igual modo, os Bispos da Ásia sublinharam "as influências externas que estão penetrando nas culturas asiáticas. Vão surgindo formas novas de comportamento resultantes da orientação dos meios de comunicação social [...]. Em consequência disso, os aspectos negativos dos meios de comunicação social e espetáculos estão ameaçando os valores tradicionais".[58]

63. A fé católica de muitos povos encontra-se hoje perante o desafio da proliferação de novos movimentos

---

[57] João Paulo II, Exort. ap. pós-sinodal *Ecclesia in Africa* (14 de Setembro de 1995), 52: *AAS* 88 (1996), 32-33. No texto, é citada a Carta enc. *Sollicitudo rei socialis* (30 de Dezembro de 1987), 22: *AAS 80* (1988), 539.

[58] João Paulo II, Exort. ap. pós-sinodal *Ecclesia in Asia* (6 de Novembro de 1999), 7: *AAS* 92 (2000), 458.

religiosos, alguns tendentes ao fundamentalismo e outros que parecem propor uma espiritualidade sem Deus. Isto, por um lado, é o resultado de uma reação humana contra a sociedade materialista, consumista e individualista e, por outro, um aproveitamento das carências da população que vive nas periferias e zonas pobres, sobrevive no meio de grandes preocupações humanas e procura soluções imediatas para as suas necessidades. Estes movimentos religiosos, que se caracterizam pela sua penetração subtil, vêm preencher, dentro do individualismo reinante, um vazio deixado pelo racionalismo secularista. Além disso, é necessário reconhecer que, se uma parte do nosso povo batizado não sente a sua pertença à Igreja, isso se deve também à existência de estruturas com clima pouco acolhedor em algumas das nossas paróquias e comunidades, ou à atitude burocrática com que se dá resposta aos problemas, simples ou complexos, da vida dos nossos povos. Em muitas partes, predomina o aspecto administrativo sobre o pastoral, bem como uma sacramentalização sem outras formas de evangelização.

64. O processo de secularização tende a reduzir a fé e a Igreja ao âmbito privado e íntimo. Além disso, com a negação de toda a transcendência, produziu-se uma crescente deformação ética, um enfraquecimento do sentido do pecado pessoal e social e um aumento progressivo do relativismo; e tudo isso provoca uma

desorientação generalizada, especialmente na fase tão vulnerável às mudanças da adolescência e juventude. Como justamente observam os Bispos dos Estados Unidos da América, enquanto a Igreja insiste na existência de normas morais objetivas, válidas para todos, "há aqueles que apresentam esta doutrina como injusta, ou seja, contrária aos direitos humanos básicos. Tais alegações brotam habitualmente de uma forma de relativismo moral, que se une consistentemente a uma confiança nos direitos absolutos dos indivíduos. Nesta perspectiva, a Igreja é sentida como se estivesse promovendo um convencionalismo particular e interferisse com a liberdade individual".[59] Vivemos numa sociedade da informação que nos satura indiscriminadamente de dados, todos postos ao mesmo nível, e acaba por nos conduzir a uma tremenda superficialidade no momento de enquadrar as questões morais. Por conseguinte, torna-se necessária uma educação que ensine a pensar criticamente e ofereça um caminho de amadurecimento nos valores.

65. Apesar de toda a corrente secularista que invade a sociedade, em muitos países – mesmo onde o cristianismo está em minoria – a Igreja Católica é uma instituição credível perante a opinião pública, fiável no que diz respeito ao âmbito da solidariedade

---

[59] Conferência dos Bispos Católicos dos Estados Unidos, *Ministry to Persons with a Homosexual Inclination: Guidelines for Pastoral Care* (2006), 17.

e preocupação pelos mais indigentes. Em repetidas ocasiões, ela serviu de medianeira na solução de problemas que afetam a paz, a concórdia, o meio ambiente, a defesa da vida, os direitos humanos e civis etc. E como é grande a contribuição das escolas e das universidades católicas no mundo inteiro! E é muito bom que assim seja. Mas, quando levantamos outras questões que suscitam menor acolhimento público, custa-nos a demonstrar que o fazemos por fidelidade às mesmas convicções sobre a dignidade da pessoa humana e do bem comum.

66. A família atravessa uma crise cultural profunda, como todas as comunidades e vínculos sociais. No caso da família, a fragilidade dos vínculos reveste-se de especial gravidade, porque se trata da célula básica da sociedade, o espaço onde se aprende a conviver na diferença e a pertencer aos outros e onde os pais transmitem a fé aos seus filhos. O matrimônio tende a ser visto como mera forma de gratificação afetiva, que se pode constituir de qualquer maneira e modificar-se de acordo com a sensibilidade de cada um. Mas a contribuição indispensável do matrimônio à sociedade supera o nível da afetividade e o das necessidades ocasionais do casal. Como ensinam os Bispos franceses, não provém "do sentimento amoroso, efêmero por definição,

mas da profundidade do compromisso assumido pelos esposos que aceitam entrar numa união de vida total".[60]

67. O individualismo pós-moderno e globalizado favorece um estilo de vida que debilita o desenvolvimento e a estabilidade dos vínculos entre as pessoas e distorce os vínculos familiares. A ação pastoral deve mostrar ainda melhor que a relação com o nosso Pai exige e incentiva uma comunhão que cura, promove e fortalece os vínculos interpessoais. Enquanto no mundo, especialmente em alguns países, se reacendem várias formas de guerras e conflitos, nós, cristãos, insistimos na proposta de reconhecer o outro, de curar as feridas, de construir pontes, de estreitar laços e de nos ajudarmos "a carregar as cargas uns dos outros" (*Gl* 6, 2). Além disso, vemos hoje surgir muitas formas de agregação para a defesa de direitos e a consecução de nobres objetivos. Deste modo, se manifesta uma sede de participação de numerosos cidadãos, que querem ser construtores do desenvolvimento social e cultural.

Desafios da inculturação da fé

68. O substrato cristão de alguns povos – sobretudo ocidentais – é uma realidade viva. Aqui encontramos, especialmente nos mais necessitados, uma reserva moral que guarda valores de autêntico humanismo cristão.

---

[60] CONFERÊNCIA DOS BISPOS DE FRANÇA, Nota *Élargir le mariage aux personnes de même sexe? Ouvrons le débat!* (28 de Setembro de 2012).

Um olhar de fé sobre a realidade não pode deixar de reconhecer o que semeia o Espírito Santo. Significaria não ter confiança na sua ação livre e generosa pensar que não existem autênticos valores cristãos, onde uma grande parte da população recebeu o Batismo e exprime de variadas maneiras a sua fé e solidariedade fraterna. Aqui há que reconhecer muito mais que "sementes do Verbo", visto que se trata de uma autêntica fé católica com modalidades próprias de expressão e de pertença à Igreja. Não convém ignorar a enorme importância que tem uma cultura marcada pela fé, porque, não obstante os seus limites, esta cultura evangelizada tem, contra os ataques do secularismo atual, muitos mais recursos do que a mera soma dos crentes. Uma cultura popular evangelizada contém valores de fé e solidariedade que podem provocar o desenvolvimento de uma sociedade mais justa e crente, e possui uma sabedoria peculiar que devemos saber reconhecer com olhar agradecido.

69. Há uma necessidade imperiosa de evangelizar as culturas para inculturar o Evangelho. Nos países de tradição católica, tratar-se-á de acompanhar, cuidar e fortalecer a riqueza que já existe e, nos países de outras tradições religiosas ou profundamente secularizados, há que procurar novos processos de evangelização da cultura, ainda que suponham projetos a longo prazo. Entretanto, não podemos ignorar que há sempre um chamado ao crescimento: toda cultura e todo grupo

social necessitam de purificação e amadurecimento. No caso das culturas populares de povos católicos, podemos reconhecer algumas fragilidades que precisam ainda ser curadas pelo Evangelho: o machismo, o alcoolismo, a violência doméstica, uma escassa participação na Eucaristia, crenças fatalistas ou supersticiosas que levam a recorrer à bruxaria etc. Mas o melhor ponto de partida para curar e ver-se livre de tais fragilidades é precisamente a piedade popular.

70. Certo é também que, às vezes, se dá maior realce a formas exteriores das tradições de grupos concretos ou a supostas revelações privadas, que se absolutizam, do que ao impulso da piedade cristã. Há certo cristianismo feito de devoções – próprio de uma vivência individual e sentimental da fé – que, na realidade, não corresponde a uma autêntica "piedade popular". Alguns promovem estas expressões sem se preocupar com a promoção social e a formação dos fiéis, fazendo-o em alguns casos para obter benefícios econômicos ou algum poder sobre os outros. Também não podemos ignorar que, nas últimas décadas, se produziu uma ruptura na transmissão geracional da fé cristã no povo católico. É inegável que muitos se sentem desiludidos e deixam de se identificar com a tradição católica, que cresceu o número de pais que não batizam os seus filhos nem os ensinam a rezar, e que há certo êxodo para outras comunidades de fé. Algumas causas

desta ruptura são a falta de espaços de diálogo familiar, a influência dos meios de comunicação, o subjetivismo relativista, o consumismo desenfreado que o mercado incentiva, a falta de cuidado pastoral pelos mais pobres, a inexistência de um acolhimento cordial nas nossas instituições, e a dificuldade que sentimos em recriar a adesão mística da fé num cenário religioso pluralista.

Desafios das culturas urbanas

71. A nova Jerusalém, a cidade santa (cf. *Ap* 21, 2-4), é a meta para onde peregrina toda a humanidade. É interessante que a revelação nos diga que a plenitude da humanidade e da história se realiza numa cidade. Precisamos identificar a cidade a partir de um olhar contemplativo, isto é, um olhar de fé que descubra Deus que habita nas suas casas, nas suas ruas, nas suas praças. A presença de Deus acompanha a busca sincera que indivíduos e grupos efetuam para encontrar apoio e sentido para a sua vida. Ele vive entre os citadinos promovendo a solidariedade, a fraternidade, o desejo de bem, de verdade, de justiça. Esta presença não precisa ser criada, mas descoberta, desvendada. Deus não Se esconde de quantos O buscam com coração sincero, ainda que o façam tateando, de maneira imprecisa e incerta.

72. Na cidade, o elemento religioso é mediado por diferentes estilos de vida, por costumes ligados a um sentido do tempo, do território e das relações que difere

do estilo das populações rurais. Na vida cotidiana, muitas vezes os citadinos lutam para sobreviver e, nesta luta, esconde-se um sentido profundo da existência que habitualmente comporta também um profundo sentido religioso. Precisamos contemplá-lo para conseguirmos um diálogo parecido com o que o Senhor teve com a Samaritana, junto do poço onde ela procurava saciar a sua sede (cf. *Jo* 4, 7-26).

73. Novas culturas continuam a formar-se nestas enormes geografias humanas onde o cristão já não costuma ser promotor ou gerador de sentido, mas recebe delas outras linguagens, símbolos, mensagens e paradigmas que oferecem novas orientações de vida, muitas vezes em contraste com o Evangelho de Jesus. Uma cultura inédita palpita e está em elaboração na cidade. O Sínodo constatou que as transformações destas grandes áreas e a cultura que exprimem são, hoje, um lugar privilegiado da nova evangelização.[61] Isto requer imaginar espaços de oração e de comunhão com características inovadoras, mais atraentes e significativas para as populações urbanas. Os ambientes rurais, devido à influência dos meios de comunicação social, não estão imunes a estas transformações culturais que também operam mudanças significativas nas suas formas de vida.

---

[61] Cf. *Propositio* 25.

74. Torna-se necessária uma evangelização que ilumine os novos modos de se relacionar com Deus, com os outros e com o ambiente, e que suscite os valores fundamentais. É necessário chegar aonde são concebidas as novas histórias e paradigmas, alcançar com a Palavra de Jesus os núcleos mais profundos da alma das cidades. Não se deve esquecer que a cidade é um âmbito multicultural. Nas grandes cidades, pode observar-se uma trama em que grupos de pessoas compartilham as mesmas formas de sonhar a vida e ilusões semelhantes, constituindo-se em novos setores humanos, em territórios culturais, em cidades invisíveis. Na realidade, convivem variadas formas culturais, mas exercem muitas vezes práticas de segregação e violência. A Igreja é chamada a ser servidora de um diálogo difícil. Enquanto há citadinos que conseguem os meios adequados para o desenvolvimento da vida pessoal e familiar, muitíssimos são também os "não citadinos", os "meio citadinos" ou os "resíduos urbanos". A cidade dá origem a uma espécie de ambivalência permanente, porque, ao mesmo tempo em que oferece aos seus habitantes infinitas possibilidades, interpõe também numerosas dificuldades ao pleno desenvolvimento da vida de muitos. Esta contradição provoca sofrimentos lancinantes. Em muitas partes do mundo, as cidades são cenário de protestos em massa, onde milhares de habitantes reclamam liberdade, participação, justiça e

várias reivindicações que, se não forem adequadamente interpretadas, nem pela força poderão ser silenciadas.

75. Não podemos ignorar que, nas cidades, facilmente se desenvolve o tráfico de drogas e de pessoas, o abuso e a exploração de menores, o abandono de idosos e doentes, várias formas de corrupção e crime. Ao mesmo tempo, o que poderia ser um precioso espaço de encontro e solidariedade, transforma-se muitas vezes num lugar de retraimento e desconfiança mútua. As casas e os bairros constroem-se mais para isolar e proteger do que para unir e integrar. A proclamação do Evangelho será uma base para restabelecer a dignidade da vida humana nestes contextos, porque Jesus quer derramar nas cidades vida em abundância (cf. *Jo* 10, 10). O sentido unitário e completo da vida humana proposto pelo Evangelho é o melhor remédio para os males urbanos, embora devamos reparar que um programa e um estilo uniformes e rígidos de evangelização não são adequados para esta realidade. Mas viver a fundo a realidade humana e inserir-se no coração dos desafios como fermento de testemunho, em qualquer cultura, em qualquer cidade, melhora o cristão e fecunda a cidade.

2. Tentações dos agentes pastorais

76. Sinto uma enorme gratidão pela tarefa de quantos trabalham na Igreja. Não quero agora deter-me

na exposição das atividades dos vários agentes pastorais, desde os Bispos até o mais simples e ignorado dos serviços eclesiais. Prefiro refletir sobre os desafios que todos eles enfrentam no meio da cultura globalizada atual. Mas, antes de tudo e como dever de justiça, tenho a dizer que é enorme a contribuição da Igreja no mundo atual. A nossa tristeza e vergonha pelos pecados de alguns membros da Igreja, e pelos próprios, não devem fazer esquecer os inúmeros cristãos que dão a vida por amor: ajudam tantas pessoas seja a curar-se, seja a morrer em paz em hospitais precários, acompanham as pessoas que caíram escravas de diversos vícios nos lugares mais pobres da terra, prodigalizam-se na educação de crianças e jovens, cuidam de idosos abandonados por todos, procuram comunicar valores em ambientes hostis, e dedicam-se de muitas outras maneiras que mostram o imenso amor à humanidade inspirado por Deus feito homem. Agradeço o belo exemplo que me dão tantos cristãos que oferecem a sua vida e o seu tempo com alegria. Este testemunho faz-me muito bem e me apoia na minha aspiração pessoal de superar o egoísmo para uma dedicação maior.

77. Apesar disso, como filhos desta época, todos estamos de algum modo sob o influxo da cultura globalizada atual, que, sem deixar de apresentar valores e novas possibilidades, pode também limitar-nos, condicionar-nos e até mesmo combalir-nos. Reconheço

que precisamos criar espaços apropriados para motivar e sanar os agentes pastorais, "lugares onde regenerar a sua fé em Jesus crucificado e ressuscitado, onde compartilhar as próprias questões mais profundas e as preocupações cotidianas, onde discernir em profundidade e com critérios evangélicos sobre a própria existência e experiência, com o objetivo de orientar para o bem e a beleza as próprias opções individuais e sociais".[62] Ao mesmo tempo, quero chamar a atenção para algumas tentações que afetam, particularmente nos nossos dias, os agentes pastorais.

Sim ao desafio de uma espiritualidade missionária

78. Hoje se nota em muitos agentes pastorais, mesmo pessoas consagradas, uma preocupação exacerbada pelos espaços pessoais de autonomia e relaxamento, que leva a viver os próprios deveres como mero apêndice da vida, como se não fizessem parte da própria identidade. Ao mesmo tempo, a vida espiritual confunde-se com alguns momentos religiosos que proporcionam algum alívio, mas não alimentam o encontro com os outros, o compromisso no mundo, a paixão pela evangelização. Assim, é possível notar em muitos agentes evangelizadores – não obstante rezem

---

[62] Ação Católica Italiana, *Messaggio della XIV Assemblea Nazionale alla Chiesa ed al Paese* (8 de Maio de 2011).

– uma acentuação do *individualismo*, uma *crise de identidade* e um *declínio do fervor*. São três males que se alimentam entre si.

79. A cultura mediática e alguns ambientes intelectuais transmitem, às vezes, uma acentuada desconfiança quanto à mensagem da Igreja, e certo desencanto. Em consequência disso, embora rezando, muitos agentes pastorais desenvolvem uma espécie de complexo de inferioridade que os leva a relativizar ou esconder a sua identidade cristã e as suas convicções. Gera-se então um círculo vicioso, porque assim não se sentem felizes com o que são nem com o que fazem, não se sentem identificados com a missão evangelizadora, e isto debilita a entrega. Acabam assim por sufocar a alegria da missão numa espécie de obsessão por serem como todos os outros e terem o que possuem os demais. Deste modo, a tarefa da evangelização torna-se forçada e se lhe dedica pouco esforço e um tempo muito limitado.

80. Nos agentes pastorais, independentemente do estilo espiritual ou da linha de pensamento que possam ter, desenvolve-se um relativismo ainda mais perigoso que o doutrinal. Tem a ver com as opções mais profundas e sinceras que determinam uma forma de vida concreta. Este relativismo prático é agir como se Deus não existisse, decidir como se os pobres não existissem, sonhar como se os outros não existissem,

trabalhar como se aqueles que não receberam o anúncio não existissem. É impressionante como até aqueles que aparentemente dispõem de sólidas convicções doutrinais e espirituais acabam, muitas vezes, por cair em um estilo de vida que os leva a se agarrarem a seguranças econômicas ou a espaços de poder e de glória humana que se buscam por qualquer meio, em vez de dar a vida pelos outros na missão. Não nos deixemos roubar o entusiasmo missionário!

Não ao desânimo egoísta

81. Quando mais precisamos de um dinamismo missionário que leve sal e luz ao mundo, muitos leigos temem que alguém os convide a realizar alguma tarefa apostólica e procuram fugir de qualquer compromisso que lhes possa roubar o tempo livre. Hoje, por exemplo, tornou-se muito difícil nas paróquias conseguir catequistas que estejam preparados e perseverem no seu dever por vários anos. Mas algo parecido acontece com os sacerdotes que se preocupam obsessivamente com o seu tempo pessoal. Isto, muitas vezes, fica-se a dever a que as pessoas sentem imperiosamente necessidade de preservar os seus espaços de autonomia, como se uma tarefa de evangelização fosse um veneno perigoso e não uma resposta alegre ao amor de Deus que nos convoca para a missão e nos torna completos e fecundos. Alguns resistem a provar até ao fundo o gosto da missão e acabam mergulhados em um desânimo paralisante.

82. O problema não está sempre no excesso de atividades, mas sobretudo nas atividades mal vividas, sem as motivações adequadas, sem uma espiritualidade que impregne a ação e a torne desejável. Daí que as obrigações cansem mais do que é razoável, e às vezes façam adoecer. Não se trata de uma fadiga feliz, mas tensa, gravosa, desagradável e, em definitivo, não assumida. Este desânimo pastoral pode ter origens diversas: alguns caem nele por sustentarem projetos irrealizáveis e não viverem de bom grado o que poderiam razoavelmente fazer; outros, por não aceitarem a custosa evolução dos processos e querem que tudo caia do Céu; outros, por se apegarem a alguns projetos ou a sonhos de sucesso cultivados pela sua vaidade; outros, por terem perdido o contato real com o povo, numa despersonalização da pastoral que leva a prestar mais atenção à organização do que às pessoas, acabando assim por se entusiasmarem mais com a "tabela de marcha" do que com a própria marcha; outros ainda caem no desânimo, por não saberem esperar e quererem dominar o ritmo da vida. A ânsia hodierna de chegar a resultados imediatos faz com que os agentes pastorais não tolerem facilmente tudo o que signifique alguma contradição, um aparente fracasso, uma crítica, uma cruz.

83. Assim se gera a maior ameaça, que "é o pragmatismo cinzento da vida cotidiana da Igreja, no qual aparentemente tudo procede dentro da normalidade,

mas na realidade a fé vai-se deteriorando e degenerando na mesquinhez".[63] Desenvolve-se a psicologia do túmulo, que pouco a pouco transforma os cristãos em múmias de museu. Desiludidos com a realidade, com a Igreja ou consigo mesmos, vivem constantemente tentados a apegar-se a uma tristeza melosa, sem esperança, que se apodera do coração como "o mais precioso elixir do demônio".[64] Chamados para iluminar e comunicar vida, acabam por se deixar cativar por coisas que só geram escuridão e cansaço interior e corroem o dinamismo apostólico. Por tudo isto, permiti que insista: Não deixemos que nos roubem a alegria da evangelização!

Não ao pessimismo estéril

84. A alegria do Evangelho é tal que nada e ninguém no-la poderá tirar (cf. *Jo* 16, 22). Os males do nosso mundo – e os da Igreja – não deveriam servir como desculpa para reduzir a nossa entrega e o nosso ardor. Vejamo-los como desafios para crescer. Além disso, o olhar crente é capaz de reconhecer a luz que o Espírito Santo sempre irradia no meio da escuridão, sem

---

[63] JOSEPH RATZINGER, *Situación atual de la fe y la teología* (Conferência pronunciada no Encontro de Presidentes das Comissões Episcopais da América Latina para a Doutrina da Fé – Guadalajara, México, 1996 – e publicada em *L'Osservatore Romano* de 01/XI/1966). Cf. V CONFERÊNCIA GERAL DO EPISCOPADO LATINO-AMERICANO E DO CARIBE, *Documento de Aparecida* (29 de Junho de 2007), 12.

[64] GEORGES BERNANOS, *Journal d'un curé de campagne* (Ed. Plon, Paris 1974), 135.

esquecer que, "onde abundou o pecado, superabundou a graça" (*Rm* 5, 20). A nossa fé é desafiada a entrever o vinho em que a água pode ser transformada, e a descobrir o trigo que cresce no meio do joio. Cinquenta anos depois do Concílio Vaticano II, apesar de nos entristecerem as misérias do nosso tempo e estarmos longe de otimismos ingênuos, um maior realismo não deve significar menor confiança no Espírito nem menor generosidade. Neste sentido, podemos voltar a ouvir as palavras pronunciadas pelo Beato João XXIII naquele memorável 11 de Outubro de 1962: "Chegam-nos aos ouvidos insinuações de almas, ardorosas sem dúvida no zelo, mas não dotadas de grande sentido de discrição e moderação. Nos tempos atuais, não veem senão prevaricações e ruínas. [...] Mas a nós parece-nos que devemos discordar desses profetas de desgraças, que anunciam acontecimentos sempre infaustos, como se estivesse iminente o fim do mundo. Na ordem presente das coisas, a misericordiosa Providência está nos levantando para uma ordem de relações humanas que, por obra dos homens e a maior parte das vezes para além do que eles esperam, se encaminham para o cumprimento dos seus desígnios superiores e inesperados, e tudo, mesmo as adversidades humanas, converge para o bem da Igreja".[65]

---

[65] *Discurso de abertura do Concílio Ecumênico Vaticano II* (11 de Outubro de 1962), 4, 2-4: *AAS* 54 (1962), 789.

85. Uma das tentações mais sérias que sufoca o fervor e a ousadia é a sensação de derrota que nos transforma em pessimistas lamurientos e mal-humorados desencantados. Ninguém pode empreender uma luta, se de antemão não está plenamente confiado no triunfo. Quem começa sem confiança, perdeu de antemão metade da batalha e enterra os seus talentos. Embora com a dolorosa consciência das próprias fraquezas, há que seguir em frente, sem se dar por vencido, e recordar o que disse o Senhor a São Paulo: "Basta-te a minha graça, porque a força manifesta-se na fraqueza" (*2 Cor* 12, 9). O triunfo cristão é sempre uma cruz, mas cruz que é, simultaneamente, estandarte de vitória, que se empunha com ternura batalhadora contra as investidas do mal. O mau espírito da derrota é irmão da tentação de separar prematuramente o trigo do joio, resultado de uma desconfiança ansiosa e egocêntrica.

86. É verdade que, em alguns lugares, se produziu uma "desertificação" espiritual, fruto do projeto de sociedades que querem construir sem Deus ou que destroem as suas raízes cristãs. Lá, "o mundo cristão está tornando-se estéril e se esgota como uma terra excessivamente desfrutada que se transforma em poeira".[66] Noutros países, a resistência violenta ao cristianismo obriga os cristãos a viverem a sua fé às escondidas no

---

[66] John Henry Newman, "Letter of 26 January 1833", em *The Letters and Diaries of John Henry Newman*, III (Oxford 1979), 204.

país que amam. Esta é outra forma muito triste de deserto. E a própria família ou o lugar de trabalho podem ser também o tal ambiente árido, onde há que conservar a fé e procurar irradiá-la. Mas "é precisamente a partir da experiência deste deserto, deste vazio, que podemos redescobrir a alegria de crer, a sua importância vital para nós, homens e mulheres. No deserto, é possível redescobrir o valor daquilo que é essencial para a vida; assim sendo, no mundo de hoje, há inúmeros sinais da sede de Deus, do sentido último da vida, ainda que muitas vezes expressos implícita ou negativamente. E, no deserto, existe sobretudo a necessidade de pessoas de fé que, com suas próprias vidas, indiquem o caminho para a Terra Prometida, mantendo assim viva a esperança".[67] Em todo o caso, lá somos chamados a ser pessoas-cântaro para dar de beber aos outros. Às vezes o cântaro transforma-se numa pesada cruz, mas foi precisamente na Cruz que o Senhor, trespassado, Se nos entregou como fonte de água viva. Não deixemos que nos roubem a esperança!

Sim às relações novas geradas por Jesus Cristo

87. Neste tempo em que as redes e demais instrumentos da comunicação humana alcançaram progressos inauditos, sentimos o desafio de descobrir e transmitir

---

[67] BENTO XVI, *Homilia durante a Santa Missa de abertura do Ano da Fé* (11 de Outubro de 2012): *AAS 104* (2012), 881.

a "mística" de viver juntos, misturar-nos, encontrar-nos, dar o braço, apoiar-nos, participar nesta maré um pouco caótica que pode transformar-se numa verdadeira experiência de fraternidade, numa caravana solidária, numa peregrinação sagrada. Assim, as maiores possibilidades de comunicação traduzir-se-ão em novas oportunidades de encontro e solidariedade entre todos. Como seria bom, salutar, libertador, esperançoso, se pudéssemos trilhar este caminho! Sair de si mesmo para se unir aos outros faz bem. Fechar-se em si mesmo é provar o veneno amargo da imanência, e a humanidade perderá com cada opção egoísta que fizermos.

88. O ideal cristão convidará sempre a superar a suspeita, a desconfiança permanente, o medo de sermos invadidos, as atitudes defensivas que nos impõe o mundo atual. Muitos tentam escapar dos outros se fechando na sua privacidade confortável ou no círculo reduzido dos mais íntimos, e renunciam ao realismo da dimensão social do Evangelho. Porque, assim como alguns quiseram um Cristo puramente espiritual, sem carne nem cruz, também se pretendem relações interpessoais mediadas apenas por sofisticados aparatos, por écrans e sistemas que se podem acender e apagar à vontade. Entretanto, o Evangelho convida-nos sempre a abraçar o risco do encontro com o rosto do outro, com a sua presença física que interpela, com os seus sofrimentos e suas reivindicações, com a sua alegria contagiosa

permanecendo lado a lado. A verdadeira fé no Filho de Deus feito carne é inseparável do dom de si mesmo, da pertença à comunidade, do serviço, da reconciliação com a carne dos outros. Na sua encarnação, o Filho de Deus convidou-nos à revolução da ternura.

89. O isolamento, que é uma concretização do imanentismo, pode exprimir-se numa falsa autonomia que exclui Deus, mas pode também encontrar na religião uma forma de consumismo espiritual à medida do próprio individualismo doentio. O regresso ao sagrado e a busca espiritual, que caracterizam a nossa época, são fenômenos ambíguos. Mais do que o ateísmo, o desafio que hoje se nos apresenta é responder adequadamente à sede de Deus de muitas pessoas, para que não tenham de ir apagá-la com propostas alienantes ou com um Jesus Cristo sem carne e sem compromisso com o outro. Se não encontram na Igreja uma espiritualidade que os cure, liberte, encha de vida e de paz, ao mesmo tempo em que os chame à comunhão solidária e à fecundidade missionária, acabarão enganados por propostas que não humanizam nem dão glória a Deus.

90. As formas próprias da religiosidade popular são encarnadas, porque brotaram da encarnação da fé cristã numa cultura popular. Por isso mesmo, incluem uma relação pessoal, não com energias harmonizadoras, mas com Deus, Jesus Cristo, Maria, um Santo. Têm carne, têm rostos. Estão aptas para alimentar

potencialidades relacionais e não tanto fugas individualistas. Noutros setores da nossa sociedade, cresce o apreço por várias formas de "espiritualidade do bem-estar" sem comunidade, por uma "teologia da prosperidade" sem compromissos fraternos ou por experiências subjetivas sem rostos, que se reduzem a uma busca interior imanentista.

91. Um desafio importante é mostrar que a solução nunca consistirá em escapar de uma relação pessoal e comprometida com Deus, que ao mesmo tempo nos comprometa com os outros. Isto é o que se verifica hoje quando os crentes procuram esconder-se e livrar-se dos outros, e quando sutilmente escapam de um lugar para outro ou de uma tarefa para outra, sem criar vínculos profundos e estáveis: "A imaginação e mudança de lugares enganou a muitos".[68] É um remédio falso que faz adoecer o coração e, às vezes, o corpo. Faz falta ajudar a reconhecer que o único caminho é aprender a encontrar os demais com a atitude adequada, que é valorizá-los e aceitá-los como companheiros de estrada, sem resistências interiores. Melhor ainda, trata-se de aprender a descobrir Jesus no rosto dos outros, na sua voz, nas suas reivindicações; e aprender também a sofrer, num abraço com Jesus crucificado, quando

---

[68] Tomás de Kempis, *De Imitatione Christi*, Liber primus, IX, 5: "*Imaginatio locorum et mutatio multos fefellit*".

recebemos agressões injustas ou ingratidões, sem nos cansarmos jamais de optar pela fraternidade.[69]

92. Nisto está a verdadeira cura: de fato, o modo de nos relacionarmos com os outros que, em vez de nos adoecer, nos cura é uma fraternidade *mística*, contemplativa, que sabe ver a grandeza sagrada do próximo, que sabe descobrir Deus em cada ser humano, que sabe tolerar as moléstias da convivência agarrando-se ao amor de Deus, que sabe abrir o coração ao amor divino para procurar a felicidade dos outros como a procura o seu Pai bom. Precisamente nesta época, inclusive onde são um "pequenino rebanho" (*Lc* 12, 32), os discípulos do Senhor são chamados a viver como comunidade que seja sal da terra e luz do mundo (cf. *Mt* 5, 13-16). São chamados a testemunhar, de forma sempre nova,

---

[69] Pode ajudar-nos o testemunho que Santa Teresa de Lisieux nos deixou acerca do impacto decisivo que teve uma experiência interior para superar o aspecto particularmente desagradável da assistência prestada a uma irmã: "Uma tarde de inverno, estava eu a cumprir, como de costume, a minha doce tarefa para com a irmã Saint-Pierre. Estava frio, começava a anoitecer... De repente, ouvi ao longe o som harmonioso de um instrumento musical. Então me imaginei num salão muito bem iluminado, todo resplandecente com seus ricos dourados; e, nele, senhoras elegantemente vestidas, prodigalizando-se mutuamente cumprimentos e cortesias mundanas. Em seguida, pousei o olhar na pobre doente que assistia. Em vez de uma melodia, podia ouvir de vez em quando os seus gemidos lastimosos. [...] Eu não consigo exprimir o que se passou na minha alma. Tudo o que sei é que o Senhor a iluminou com os raios da verdade, que de tal maneira ultrapassavam o brilho tenebroso das festas da Terra, que não podia acreditar no grau da minha felicidade" ["Manuscrit C", 29frt-30vrs: *Œvres complètes* (CERF-DDB, Paris 1992) 274-275].

uma pertença evangelizadora.[70] Não deixemos que nos roubem a comunidade!

Não ao mundanismo espiritual

93. O mundanismo espiritual, que se esconde por detrás de aparências de religiosidade e até mesmo de amor à Igreja, é buscar, em vez da glória do Senhor, a glória humana e o bem-estar pessoal. É aquilo que o Senhor censurava aos fariseus: "Como vos é possível acreditar, se andais à procura da glória uns dos outros, e não procurais a glória que vem do Deus único?" (*Jo* 5, 44). É uma maneira sutil de procurar "os próprios interesses, não os interesses de Jesus Cristo" (*Fl* 2, 21). Reveste-se de muitas formas, de acordo com o tipo de pessoas e situações em que penetra. Por cultivar o cuidado da aparência, nem sempre suscita pecados de domínio público, pelo que externamente tudo parece correto. Mas, se invadisse a Igreja, "seria infinitamente mais desastroso do que qualquer outro mundanismo meramente moral".[71]

94. Este mundanismo pode alimentar-se, sobretudo, de duas maneiras profundamente relacionadas. Uma delas é o fascínio do gnosticismo, uma fé fechada no subjetivismo, onde apenas interessa uma determinada

---

[70] Cf. *Propositio* 8.

[71] Henri De Lubac, *Méditation sur l'Église* (FV, Paris 1968), 321.

experiência ou uma série de raciocínios e conhecimentos que supostamente confortam e iluminam, mas, em última instância, a pessoa fica enclausurada na imanência da sua própria razão ou dos seus sentimentos. A outra maneira é o neopelagianismo autorreferencial e prometeico de quem, no fundo, só confia nas suas próprias forças e se sente superior aos outros por cumprir determinadas normas ou por ser irredutivelmente fiel a certo estilo católico próprio do passado. É uma suposta segurança doutrinal ou disciplinar que dá lugar a um elitismo narcisista e autoritário, onde, em vez de evangelizar, se analisam e classificam os demais e, em vez de facilitar o acesso à graça, consomem-se as energias a controlar. Em ambos os casos, nem Jesus Cristo nem os outros interessam verdadeiramente. São manifestações de um imanentismo antropocêntrico. Não é possível imaginar que, destas formas desvirtuadas do cristianismo, possa brotar um autêntico dinamismo evangelizador.

95. Este obscuro mundanismo manifesta-se em muitas atitudes, aparentemente opostas, mas com a mesma pretensão de "dominar o espaço da Igreja". Em alguns, há um cuidado exibicionista da liturgia, da doutrina e do prestígio da Igreja, mas não se preocupam que o Evangelho adquira uma real inserção no povo fiel de Deus e nas necessidades concretas da história. Assim, a vida da Igreja transforma-se numa peça de museu ou

numa possessão de poucos. Noutros, o próprio mundanismo espiritual esconde-se por detrás do fascínio de poder mostrar conquistas sociais e políticas, ou numa vanglória ligada à gestão de assuntos práticos, ou numa atração pelas dinâmicas de autoestima e de realização autorreferencial. Também se pode traduzir em várias formas de se apresentar a si mesmo envolvido numa densa vida social cheia de viagens, reuniões, jantares, recepções. Ou então se desdobra num funcionalismo empresarial, carregado de estatísticas, planificações e avaliações, onde o principal beneficiário não é o povo de Deus, mas a Igreja como organização. Em qualquer um dos casos, não traz o selo de Cristo encarnado, crucificado e ressuscitado, encerra-se em grupos de elite, não sai realmente à procura dos que andam perdidos nem das imensas multidões sedentas de Cristo. Já não há ardor evangélico, mas o gozo espúrio de uma autocomplacência egocêntrica.

96. Neste contexto, alimenta-se a vanglória de quantos se contentam com ter algum poder e preferem ser generais de exércitos derrotados antes que simples soldados de um batalhão que continua a lutar. Quantas vezes sonhamos planos apostólicos expansionistas, meticulosos e bem traçados, típicos de generais derrotados! Assim negamos a nossa história de Igreja, que é gloriosa por ser história de sacrifícios, de esperança, de luta diária, de vida gasta no serviço, de constância

no trabalho fadigoso, porque todo o trabalho é "suor do nosso rosto". Em vez disso, entretemo-nos vaidosos a falar sobre "o que se deveria fazer" – o pecado do "deveriaqueísmo" – como mestres espirituais e peritos de pastoral que dão instruções ficando de fora. Cultivamos a nossa imaginação sem limites e perdemos o contato com a dolorosa realidade do nosso povo fiel.

97. Quem caiu neste mundanismo olha de cima e de longe, rejeita a profecia dos irmãos, desqualifica quem o questiona, faz ressaltar constantemente os erros alheios e vive obcecado pela aparência. Circunscreveu os pontos de referência do coração ao horizonte fechado da sua imanência e dos seus interesses e, consequentemente, não aprende com os seus pecados nem está verdadeiramente aberto ao perdão. É uma tremenda corrupção, com aparências de bem. Devemos evitá-lo, pondo a Igreja em movimento de saída de si mesma, de missão centrada em Jesus Cristo, de entrega aos pobres. Deus nos livre de uma Igreja mundana sob vestes espirituais ou pastorais! Este mundanismo asfixiante cura-se saboreando o ar puro do Espírito Santo, que nos liberta de estarmos centrados em nós mesmos, escondidos numa aparência religiosa vazia de Deus. Não deixemos que nos roubem o Evangelho!

Não à guerra entre nós

98. Dentro do povo de Deus e nas diferentes comunidades, quantas guerras! No bairro, no local de trabalho, quantas guerras por invejas e ciúmes, mesmo entre cristãos! O mundanismo espiritual leva alguns cristãos a estar em guerra com outros cristãos que se interpõem na sua busca pelo poder, prestígio, prazer ou segurança econômica. Além disso, alguns deixam de viver uma adesão cordial à Igreja por alimentar um espírito de contenda. Mais do que pertencer à Igreja inteira, com a sua rica diversidade, pertencem a este ou àquele grupo que se sente diferente ou especial.

99. O mundo está dilacerado pelas guerras e a violência, ou ferido por um generalizado individualismo que divide os seres humanos e põe-nos uns contra os outros visando ao próprio bem-estar. Em vários países, ressurgem conflitos e antigas divisões que se pensavam em parte superados. Aos cristãos de todas as comunidades do mundo, quero pedir-lhes de modo especial um testemunho de comunhão fraterna, que se torne fascinante e resplandecente. Que todos possam admirar como vos preocupais uns pelos outros, como mutuamente vos encorajais, animais e ajudais: "Por isto é que todos conhecerão que sois meus discípulos: se vos amardes uns aos outros" (*Jo* 13, 35). Foi o que Jesus, com uma intensa oração, pediu ao Pai: "Que todos sejam um só [...] em nós [para que] o mundo creia" (*Jo*

17, 21). Cuidado com a tentação da inveja! Estamos no mesmo barco e vamos para o mesmo porto! Peçamos a graça de nos alegrarmos com os frutos alheios, que são de todos.

100. Para quantos estão feridos por antigas divisões, resulta difícil aceitar que os exortemos ao perdão e à reconciliação, porque pensam que ignoramos a sua dor ou pretendemos fazer-lhes perder a memória e os ideais. Mas, se virem o testemunho de comunidades autenticamente fraternas e reconciliadas, isso é sempre uma luz que atrai. Por isso me dói muito comprovar como em algumas comunidades cristãs, e mesmo entre pessoas consagradas, se dá espaço a várias formas de ódio, divisão, calúnia, difamação, vingança, ciúme, a desejos de impor as próprias ideias a todo o custo, e até perseguições que parecem uma implacável caça às bruxas. Quem queremos evangelizar com estes comportamentos?

101. Peçamos ao Senhor que nos faça compreender a lei do amor. Que bom é termos esta lei! Como nos faz bem, apesar de tudo, amar-nos uns aos outros! Sim, apesar de tudo! A cada um de nós é dirigida a exortação de Paulo: "Não te deixes vencer pelo mal, mas vence o mal com o bem" (*Rm* 12, 21). E ainda: "Não nos cansemos de fazer o bem" (*Gl* 6, 9). Todos nós provamos simpatias e antipatias, e talvez neste momento estejamos chateados com alguém. Pelo menos digamos ao Senhor:

"Senhor, estou chateado com este, com aquela. Peço-Vos por ele e por ela". Rezar pela pessoa com quem estamos irritados é um belo passo rumo ao amor, e é um ato de evangelização. Façamo-lo hoje mesmo. Não deixemos que nos roubem o ideal do amor fraterno!

Outros desafios eclesiais

102. A imensa maioria do povo de Deus é constituída por leigos. Ao seu serviço, está uma minoria: os ministros ordenados. Cresceu a consciência da identidade e da missão dos leigos na Igreja. Embora não suficiente, pode-se contar com um numeroso laicado, dotado de um arraigado sentido de comunidade e uma grande fidelidade ao compromisso da caridade, da catequese, da celebração da fé. Mas a tomada de consciência desta responsabilidade laical que nasce do Batismo e da Confirmação não se manifesta de igual modo em toda parte; em alguns casos, porque não se formaram para assumir responsabilidades importantes, noutros por não encontrar espaço nas suas Igrejas particulares para poderem exprimir-se e agir por causa de um excessivo clericalismo que os mantém à margem das decisões. Apesar de se notar uma maior participação de muitos nos ministérios laicais, este compromisso não se reflete na penetração dos valores cristãos no mundo social, político e econômico; limita-se muitas vezes às tarefas no seio da Igreja, sem um empenhamento real pela aplicação do Evangelho na transformação da

sociedade. A formação dos leigos e a evangelização das categorias profissionais e intelectuais constituem um importante desafio pastoral.

103. A Igreja reconhece a indispensável contribuição da mulher na sociedade, com uma sensibilidade, uma intuição e certas capacidades peculiares, que habitualmente são mais próprias das mulheres que dos homens. Por exemplo, a especial solicitude feminina pelos outros, que se exprime de modo particular, mas não exclusivamente, na maternidade. Vejo, com prazer, como muitas mulheres partilham responsabilidades pastorais juntamente com os sacerdotes, contribuem para o acompanhamento de pessoas, famílias ou grupos e prestam novas contribuições para a reflexão teológica. Mas ainda é preciso ampliar os espaços para uma presença feminina mais incisiva na Igreja. Porque "o gênio feminino é necessário em todas as expressões da vida social; por isso deve ser garantida a presença das mulheres também no âmbito do trabalho"[72] e nos vários lugares onde se tomam as decisões importantes, tanto na Igreja como nas estruturas sociais.

104. As reivindicações dos legítimos direitos das mulheres, a partir da firme convicção de que homens

---

[72] PONT. CONSELHO "JUSTIÇA E PAZ", *Compêndio da Doutrina Social da Igreja*, 295.

e mulheres têm a mesma dignidade, colocam à Igreja questões profundas que a desafiam e não se podem iludir superficialmente. O sacerdócio reservado aos homens, como sinal de Cristo Esposo que Se entrega na Eucaristia, é uma questão que não se põe em discussão, mas pode tornar-se particularmente controversa se se identifica demasiado a potestade sacramental com o poder. Não se esqueça de que, quando falamos da potestade sacerdotal, "estamos na esfera da *função* e não na da *dignidade* e da santidade".[73] O sacerdócio ministerial é um dos meios que Jesus utiliza a serviço do seu povo, mas a grande dignidade vem do Batismo, que é acessível a todos. A configuração do sacerdote com Cristo Cabeça – isto é, como fonte principal da graça – não comporta uma exaltação que o coloque por cima dos demais. Na Igreja, as funções "*não dão justificação à superioridade* de uns sobre os outros".[74] Com efeito, uma mulher, Maria, é mais importante do que os Bispos. Mesmo quando a função do sacerdócio ministerial é considerada "hierárquica", há que ter bem presente que "se ordena *integralmente* à santidade dos

---

[73] João Paulo II, Exort. ap. pós-sinodal *Christifideles laici* (30 de Dezembro de 1988), 51: *AAS* 81 (1989), 493.

[74] Congr. para a Doutrina da Fé, Decl. sobre a questão da admissão das mulheres ao sacerdócio ministerial *Inter Insigniores* (15 de Outubro de 1976), VI: *AAS* 69 (1977), 115, citado por João Paulo II na Exort. ap. pós-sinodal *Christifideles laici* (30 de Dezembro de 1988), 51 (nota 190): *AAS 81* (1989), 493.

membros do corpo místico de Cristo".[75] A sua pedra de fecho e o seu fulcro não são o poder entendido como domínio, mas a potestade de administrar o sacramento da Eucaristia; daqui deriva a sua autoridade, que é sempre um serviço ao povo. Aqui está um grande desafio para os Pastores e para os teólogos, que poderiam ajudar a reconhecer melhor o que isto implica no que se refere ao possível lugar das mulheres onde se tomam decisões importantes, nos diferentes âmbitos da Igreja.

105. A pastoral juvenil, tal como estávamos habituados a desenvolvê-la, sofreu o impacto das mudanças sociais. Nas estruturas ordinárias, os jovens habitualmente não encontram respostas para as suas preocupações, necessidades, problemas e feridas. A nós, adultos, custa-nos ouvi-los com paciência, compreender as suas preocupações ou as suas reivindicações, e aprender a falar-lhes na linguagem que eles entendem. Pela mesma razão, as propostas educacionais não produzem os frutos esperados. A proliferação e o crescimento de associações e movimentos predominantemente juvenis podem ser interpretados como uma ação do Espírito que abre caminhos novos em sintonia com as suas expectativas e a busca de espiritualidade profunda e de um sentido mais concreto de pertença. Todavia, é necessário

---

[75] João Paulo II, Carta ap. *Mulieris dignitatem* (15 de Agosto de 1988), 27: AAS 80 (1988), 1718.

tornar mais estável a participação destas agregações no âmbito da pastoral de conjunto da Igreja.[76]

106. Embora nem sempre seja fácil abordar os jovens, houve crescimento em dois aspectos: a consciência de que toda a comunidade os evangeliza e educa, e a urgência de que eles tenham um protagonismo maior. Deve-se reconhecer que, no atual contexto de crise do compromisso e dos laços comunitários, são muitos os jovens que se solidarizam contra os males do mundo, aderindo a várias formas de militância e voluntariado. Alguns participam na vida da Igreja, integram grupos de serviço e diferentes iniciativas missionárias nas suas próprias dioceses ou noutros lugares. Como é bom que os jovens sejam "caminheiros da fé", felizes por levarem Jesus Cristo a cada esquina, a cada praça, a cada canto da terra!

107. Em muitos lugares, há escassez de vocações ao sacerdócio e à vida consagrada. Frequentemente isso fica a dever à falta de ardor apostólico contagioso nas comunidades, pelo que estas não entusiasmam nem fascinam. Onde há vida, fervor, paixão de levar Cristo aos outros, surgem vocações genuínas. Mesmo em paróquias onde os sacerdotes não são muito disponíveis nem alegres, é a vida fraterna e fervorosa da comunidade que

---

[76] Cf. *Propositio* 51.

desperta o desejo de se consagrar inteiramente a Deus e à evangelização, especialmente se essa comunidade vivente reza insistentemente pelas vocações e tem a coragem de propor aos seus jovens um caminho de especial consagração. Por outro lado, apesar da escassez vocacional, hoje temos noção mais clara da necessidade de melhor seleção dos candidatos ao sacerdócio. Não se podem encher os seminários com qualquer tipo de motivações, e menos ainda se estas estão relacionadas com insegurança afetiva, busca de formas de poder, glória humana ou bem-estar econômico.

108. Como já disse, não pretendi oferecer um diagnóstico completo, mas convido as comunidades a completarem e a enriquecerem estas perspectivas a partir da consciência dos desafios próprios e das comunidades vizinhas. Espero que, ao fazê-lo, tenham em conta que, todas as vezes que intentamos ler os sinais dos tempos na realidade atual, é conveniente ouvir os jovens e os idosos. Tanto uns como outros são a esperança dos povos. Os idosos fornecem a memória e a sabedoria da experiência, que convida a não repetir tontamente os mesmos erros do passado. Os jovens chamam-nos a despertar e a aumentar a esperança, porque trazem consigo as novas tendências da humanidade e abrem--nos ao futuro, de modo que não fiquemos encalhados

na nostalgia de estruturas e costumes que já não são fonte de vida no mundo atual.

109. Os desafios existem para ser superados. Sejamos realistas, mas sem perder a alegria, a audácia e a dedicação cheia de esperança. Não deixemos que nos roubem a força missionária!

Capítulo III

O ANÚNCIO DO EVANGELHO

110. Depois de considerar alguns desafios da realidade atual, quero agora recordar o dever que incumbe a nós em toda e qualquer época e lugar, porque "não pode haver verdadeira evangelização sem o *anúncio explícito* de Jesus como Senhor" e sem existir uma "primazia do anúncio de Jesus Cristo em qualquer trabalho de evangelização".[77] Recolhendo as preocupações dos Bispos asiáticos, João Paulo II afirmou que, se a Igreja "deve realizar o seu destino providencial, então uma evangelização entendida como o jubiloso, paciente e progressivo anúncio da Morte salvífica e Ressurreição de Jesus Cristo há de ser a vossa prioridade absoluta".[78] Isto é válido para todos.

1. Todo o povo de Deus anuncia o Evangelho

111. A evangelização é dever da Igreja. Este sujeito da evangelização, porém, é mais do que uma

---

[77] João Paulo II, Exort. ap. pós-sinodal *Ecclesia in Asia* (6 de Novembro de 1999), 19: *AAS 92* (2000), 478.

[78] *Ibid.*, 2: *o. c.*, 451.

instituição orgânica e hierárquica; é, antes de tudo, um povo que peregrina para Deus. Trata-se certamente de um *mistério* que mergulha as raízes na Trindade, mas tem a sua concretização histórica num povo peregrino e evangelizador, que sempre transcende toda a necessária expressão institucional. Proponho que nos detenhamos um pouco nesta forma de compreender a Igreja, que tem o seu fundamento último na iniciativa livre e gratuita de Deus.

Um povo para todos

112. A salvação, que Deus nos oferece, é obra da sua misericórdia. Não há ação humana, por melhor que seja, que nos faça merecer tão grande dom. Por pura graça, Deus atrai-nos para nos unir a Si.[79] Envia o seu Espírito aos nossos corações, para nos fazer seus filhos, para nos transformar e tornar capazes de responder com a nossa vida ao seu amor. A Igreja é enviada por Jesus Cristo como sacramento da salvação oferecida por Deus.[80] Através da sua ação evangelizadora, ela colabora como instrumento da graça divina, que opera incessantemente para além de toda e qualquer possível supervisão. Bem o exprimiu Bento XVI, ao abrir as reflexões do Sínodo: "É sempre importante saber que a primeira palavra, a iniciativa verdadeira, a

---

[79] Cf. *Propositio* 4.

[80] Cf. Conc. Ecum. Vat. II, Const. dogm. sobre a Igreja *Lumen gentium*, 1.

atividade verdadeira vem de Deus e só inserindo-nos nesta iniciativa divina, só implorando esta iniciativa divina, nos podemos tornar também – com Ele e n'Ele – evangelizadores".[81] O princípio da *primazia da graça* deve ser um farol que ilumine constantemente as nossas reflexões sobre a evangelização.

113. Esta salvação, que Deus realiza e a Igreja jubilosamente anuncia, é para todos,[82] e Deus criou um caminho para Se unir a cada um dos seres humanos de todos os tempos. Escolheu convocá-los como povo, e não como seres isolados.[83] Ninguém se salva sozinho, isto é, nem como indivíduo isolado, nem por suas próprias forças. Deus atrai-nos, no respeito da complexa trama de relações interpessoais que a vida numa comunidade humana supõe. Este povo, que Deus escolheu para Si e convocou, é a Igreja. Jesus não diz aos Apóstolos para formarem um grupo exclusivo, um grupo de elite. Jesus diz: "Ide, pois, fazei discípulos de todos os povos" (*Mt* 28, 19). São Paulo afirma que no povo de Deus, na Igreja, "não há judeu nem grego [...], porque todos sois um só em Cristo Jesus" (*Gl* 3, 28). Eu

---

[81] *Meditação na primeira Congregação geral da XIII Assembleia Geral Ordinária do Sínodo dos Bispos* (8 de Outubro de 2012): *AAS* 104 (2012), 897.

[82] Cf. *Propositio* 6; CONC. ECUM. VAT. II, Const. past. sobre a Igreja no mundo contemporâneo *Gaudium et spes*, 22.

[83] Cf. CONC. ECUM. VAT. II, Const. dogm. sobre a Igreja *Lumen gentium*, 9.

gostaria de dizer àqueles que se sentem longe de Deus e da Igreja, aos que têm medo ou aos indiferentes: o Senhor também te chama para seres parte do seu povo, e o faz com grande respeito e amor!

114. Ser Igreja significa ser povo de Deus, de acordo com o grande projeto de amor do Pai. Isto implica ser o fermento de Deus no meio da humanidade; quer dizer anunciar e levar a salvação de Deus a este nosso mundo, que muitas vezes se sente perdido, necessitado de ter respostas que encorajem, deem esperança e novo vigor para o caminho. A Igreja deve ser o lugar da misericórdia gratuita, onde todos possam sentir-se acolhidos, amados, perdoados e animados a viverem segundo a vida boa do Evangelho.

Um povo com muitos rostos

115. Este Povo de Deus encarna-se nos povos da Terra, cada um dos quais tem a sua cultura própria. A noção de cultura é um instrumento precioso para compreender as diversas expressões da vida cristã que existem no povo de Deus. Trata-se do estilo de vida que uma determinada sociedade possui, da forma peculiar que têm os seus membros de se relacionar entre si, com as outras criaturas e com Deus. Assim entendida, a cultura abrange a totalidade da vida de um povo.[84] Cada

---

[84] Cf. III Conferência Geral do Episcopado Latino-americano e do Caribe, *Documento de Puebla* (23 de Março de 1979), 386-387.

povo, na sua evolução histórica, desenvolve a própria cultura com legítima autonomia.[85] Isso deve-se ao fato de que a pessoa humana, "por sua natureza, necessita absolutamente da vida social"[86] e mantém contínua referência à sociedade, na qual vive uma maneira concreta de se relacionar com a realidade. O ser humano está sempre culturalmente situado: "natureza e cultura encontram-se intimamente ligadas".[87] A graça supõe a cultura, e o dom de Deus encarna-se na cultura de quem o recebe.

116. Ao longo destes dois milênios de cristianismo, uma quantidade inumerável de povos recebeu a graça da fé, a fez florir na sua vida diária e transmitiu-a segundo as próprias modalidades culturais. Quando uma comunidade acolhe o anúncio da salvação, o Espírito Santo fecunda a sua cultura com a força transformadora do Evangelho. E assim, como podemos ver na história da Igreja, o cristianismo não dispõe de um único modelo cultural, mas "permanecendo o que é, na fidelidade total ao anúncio evangélico e à tradição da Igreja, o cristianismo assumirá também o rosto das diversas culturas e dos vários povos onde for acolhido

---

[85] Cf. CONC. ECUM. VAT. II, Const. past. sobre a Igreja no mundo contemporâneo *Gaudium et spes*, 36.

[86] *Ibid.*, 25.

[87] *Ibid.*, 53.

e se radicar".[88] Nos diferentes povos, que experimentam o dom de Deus segundo a própria cultura, a Igreja exprime a sua genuína catolicidade e mostra "a beleza deste rosto pluriforme".[89] Através das manifestações cristãs de um povo evangelizado, o Espírito Santo embeleza a Igreja, mostrando-lhe novos aspectos da Revelação e presenteando-a com um novo rosto. Pela inculturação, a Igreja "introduz os povos com as suas culturas na sua própria comunidade",[90] porque "cada cultura oferece formas e valores positivos que podem enriquecer o modo como o Evangelho é pregado, compreendido e vivido".[91] Assim, "a Igreja, assumindo os valores das diversas culturas, torna-se *sponsa ornata monilibus suis*, a noiva que se adorna com suas joias (cf. *Is* 61, 10)".[92]

117. Se for bem entendida, a diversidade cultural não ameaça a unidade da Igreja. É o Espírito Santo, enviado pelo Pai e o Filho, que transforma os nossos

---

[88] João Paulo II, Carta ap. *Novo millennio ineunte* (6 de Janeiro de 2001), 40: *AAS* 93 (2001), 294-295.

[89] *Ibid.*, 40: *o. c.*, 295.

[90] João Paulo II, Carta enc. *Redemptoris missio* (7 de Dezembro de 1990), 52: *AAS* 83 (1991), 300. Cf. Exort. ap. *Catechesi tradendae* (16 de Outubro de 1979), 53: *AAS* 71 (1979), 1321.

[91] João Paulo II, Exort. ap. pós-sinodal *Ecclesia in Oceania* (22 de Novembro de 2001), 16: *AAS* 94 (2002), 384.

[92] João Paulo II, Exort. ap. pós-sinodal *Ecclesia in Africa* (14 de Setembro de 1995), 61: *AAS* 88 (1996), 39.

corações e nos torna capazes de entrar na comunhão perfeita da Santíssima Trindade, onde tudo encontra a sua unidade. O Espírito Santo constrói a comunhão e a harmonia do povo de Deus. Ele mesmo é a harmonia, tal como é o vínculo de amor entre o Pai e o Filho.[93] É Ele que suscita uma abundante e diversificada riqueza de dons e, ao mesmo tempo, constrói uma unidade que nunca é uniformidade, mas multiforme harmonia que atrai. A evangelização reconhece com alegria estas múltiplas riquezas que o Espírito gera na Igreja. Não faria justiça à lógica da encarnação pensar num cristianismo monocultural e monocórdio. É verdade que algumas culturas estiveram intimamente ligadas à pregação do Evangelho e ao desenvolvimento do pensamento cristão, mas a mensagem revelada não se identifica com nenhuma delas e possui um conteúdo transcultural. Por isso, na evangelização de novas culturas ou de culturas que não acolheram a pregação cristã, não é indispensável impor uma determinada forma cultural, por mais bela e antiga que seja, juntamente com a proposta do Evangelho. A mensagem, que anunciamos, sempre apresenta alguma roupagem cultural, mas às vezes, na Igreja, caímos na vaidosa sacralização da própria cultura, o

---

[93] "Excluído o Espírito Santo, que é *o vínculo de ambos*, não se pode entender a concórdia da unidade entre o Pai e o Filho" (São Tomás de Aquino, *Summa theologiae*, I, q. 39, a. 8 cons. 2; veja-se também *ibid.*, I, q. 37, a. 1, ad 3).

que pode mostrar mais fanatismo do que autêntico ardor evangelizador.

118. Os Bispos da Oceania pediram que a Igreja neste continente "desenvolva uma compreensão e exposição da verdade de Cristo partindo das tradições e culturas locais", e instaram todos os missionários "a trabalhar em harmonia com os cristãos indígenas para garantir que a doutrina e a vida da Igreja sejam expressas de formas legítimas e apropriadas a cada cultura".[94] Não podemos pretender que todos os povos dos vários continentes, ao exprimir a fé cristã, imitem as modalidades adotadas pelos povos europeus num determinado momento da história, porque a fé não se pode confinar dentro dos limites de compreensão e expressão de uma cultura.[95] É indiscutível que uma única cultura não esgota o mistério da redenção de Cristo.

Todos somos discípulos missionários

119. Em todos os batizados, desde o primeiro ao último, atua a força santificadora do Espírito que impele a evangelizar. O povo de Deus é santo em virtude desta unção, que o torna *infalível "in credendo"*, ou seja, ao crer, não pode enganar-se, ainda que não

---

[94] João Paulo II, Exort. ap. pós-sinodal *Ecclesia in Oceania* (22 de Novembro de 2001), 17: *AAS* 94 (2002), 385.

[95] Cf. João Paulo II, Exort. ap. pós-sinodal *Ecclesia in Asia* (6 de Novembro de 1999), 20: *AAS* 92 (2000), 478-482.

encontre palavras para explicar a sua fé. O Espírito guia-o na verdade e o conduz à salvação.[96] Como parte do seu mistério de amor pela humanidade, Deus dota a totalidade dos fiéis com um *instinto da fé* – o *sensus fidei* – que os ajuda a discernir o que vem realmente de Deus. A presença do Espírito confere aos cristãos certa conaturalidade com as realidades divinas e uma sabedoria que lhes permite captá-las intuitivamente, embora não possuam os meios adequados para expressá-las com precisão.

120. Em virtude do Batismo recebido, cada membro do povo de Deus tornou-se discípulo missionário (cf. *Mt* 28, 19). Cada um dos batizados, independentemente da própria função na Igreja e do grau de instrução da sua fé, é um sujeito ativo de evangelização, e seria inapropriado pensar num esquema de evangelização realizado por agentes qualificados enquanto o resto do povo fiel seria apenas receptor das suas ações. A nova evangelização deve implicar um novo protagonismo de cada um dos batizados. Esta convicção transforma-se num apelo dirigido a cada cristão para que ninguém renuncie ao seu compromisso de evangelização, porque, se uma pessoa experimentou verdadeiramente o amor de Deus que salva, não precisa de muito tempo de preparação para sair a anunciá-lo, não pode esperar que lhe

---

[96] Cf. CONC. ECUM. VAT. II, Const. dogm. sobre a Igreja *Lumen gentium*, 12.

deem muitas lições ou longas instruções. Cada cristão é missionário na medida em que se encontrou com o amor de Deus em Cristo Jesus; não digamos mais que somos "discípulos" e "missionários", mas sempre que somos "discípulos missionários". Se não estivermos convencidos disto, olhemos para os primeiros discípulos, que logo depois de terem conhecido o olhar de Jesus, saíram proclamando cheios de alegria: "Encontramos o Messias" (*Jo* 1, 41). A Samaritana, logo que terminou o seu diálogo com Jesus, tornou-se missionária, e muitos samaritanos acreditaram em Jesus "devido às palavras da mulher" (*Jo* 4, 39). Também São Paulo, depois do seu encontro com Jesus Cristo, "começou imediatamente a proclamar [...] que Jesus era o Filho de Deus" (*At* 9, 20). Por que esperamos nós?

121. Certamente todos somos chamados a crescer como evangelizadores. Devemos procurar simultaneamente uma melhor formação, um aprofundamento do nosso amor e um testemunho mais claro do Evangelho. Neste sentido, todos devemos deixar que os outros nos evangelizem constantemente; isto não significa que devemos renunciar à missão evangelizadora, mas encontrar um modo de comunicar Jesus que corresponda à situação em que vivemos. Seja como for, todos somos chamados a dar aos outros o testemunho explícito do amor salvífico do Senhor, que, sem olhar às nossas imperfeições, nos oferece a sua proximidade, a sua

Palavra, a sua força, e dá sentido à nossa vida. O seu coração sabe que a vida não é a mesma coisa sem Ele; pois bem, aquilo que descobriste, o que te ajuda a viver e te dá esperança, isso é o que deves comunicar aos outros. A nossa imperfeição não deve ser desculpa; pelo contrário, a missão é um estímulo constante para não nos acomodarmos na mediocridade, mas continuarmos a crescer. O testemunho de fé, que todo o cristão é chamado a oferecer, implica dizer como São Paulo: "Não que já o tenha alcançado ou já seja perfeito; mas corro para ver se o alcanço, [...] lançando-me para o que vem à frente" (*Fl* 3, 12-13).

A força evangelizadora da piedade popular

122. Da mesma forma, podemos pensar que os diferentes povos, nos quais foi inculturado o Evangelho, são sujeitos coletivos ativos, agentes da evangelização. Assim é, porque cada povo é o criador da sua cultura e o protagonista da sua história. A cultura é algo dinâmico, que um povo recria constantemente, e cada geração transmite à seguinte um conjunto de atitudes relativas às diversas situações existenciais, que esta nova geração deve reelaborar frente aos próprios desafios. O ser humano "é simultaneamente filho e pai da cultura onde está inserido".[97] Quando o Evangelho se inculturou num

---

[97] João Paulo II, Carta enc. *Fides et ratio* (14 de Setembro de 1998), 71: *AAS* 91 (1999), 60.

povo, no seu processo de transmissão cultural também transmite a fé de maneira sempre nova; daí a importância da evangelização entendida como inculturação. Cada porção do povo de Deus, ao traduzir na vida o dom de Deus segundo a sua índole própria, dá testemunho da fé recebida e enriquece-a com novas expressões que falam por si. Pode dizer-se que "o povo se evangeliza continuamente a si mesmo".[98] Aqui ganha importância a piedade popular, verdadeira expressão da atividade missionária espontânea do povo de Deus. Trata-se de uma realidade em permanente desenvolvimento, cujo protagonista é o Espírito Santo.[99]

123. Na piedade popular, pode-se captar a modalidade em que a fé recebida se encarnou numa cultura e continua a transmitir-se. Vista por vezes com desconfiança, a piedade popular foi objeto de revalorização nas décadas posteriores ao Concílio. Quem deu um impulso decisivo nesta direção foi Paulo VI, na sua Exortação Apostólica *Evangelii Nuntiandi*. Nela explica que a piedade popular "traduz em si certa sede de Deus, que somente os pobres e os simples podem

---

[98] III Conferência Geral do Episcopado Latino-americano e do Caribe, *Documento de Puebla* (23 de Março de 1979), 450; cf. V Conferência Geral do Episcopado Latino-americano e do Caribe, *Documento de Aparecida* (29 de Junho de 2007), 264.

[99] Cf. João Paulo II, Exort. ap. pós-sinodal *Ecclesia in Asia* (6 de Novembro de 1999), 21: AAS 92 (2000), 482-484.

experimentar"[100] e "torna as pessoas capazes para terem rasgos de generosidade e predispõe-nas para o sacrifício até o heroísmo, quando se trata de manifestar a fé".[101] Já mais perto dos nossos dias, Bento XVI, na América Latina, assinalou que se trata de um "precioso tesouro da Igreja Católica" e que nela "aparece a alma dos povos latino-americanos".[102]

124. No *Documento de Aparecida*, descrevem-se as riquezas que o Espírito Santo explicita na piedade popular por sua iniciativa gratuita. Naquele amado Continente, onde uma multidão imensa de cristãos exprime a sua fé através da piedade popular, os Bispos chamam-na também "espiritualidade popular" ou "mística popular".[103] Trata-se de uma verdadeira "espiritualidade encarnada na cultura dos simples".[104] Não é vazia de conteúdos, mas descobre-os e exprime-os mais pela via simbólica do que pelo uso da razão instrumental e, no ato de fé, acentua mais o *credere in Deum* que o *credere Deum*.[105] É "uma maneira legítima

---

[100] N.º 48: *AAS* 68 (1976), 38.

[101] *Ibid.*, 48: *o. c.*, 38.

[102] *Discurso na Sessão inaugural da V Conferência geral do Episcopado Latino-americano e do Caribe* (13 de Maio de 2007), 1: *AAS* 99 (2007), 446-447.

[103] V CONFERÊNCIA GERAL DO EPISCOPADO LATINO-AMERICANO E DO CARIBE, *Documento de Aparecida* (29 de Junho de 2007), 262.

[104] *Ibid.*, 263.

[105] Cf. SÃO TOMÁS DE AQUINO, *Summa theologiae* II-II, q. 2, a. 2.

de viver a fé, um modo de se sentir parte da Igreja e uma forma de ser missionários";[106] comporta a graça da missionariedade, do sair de si e do peregrinar: "O caminhar juntos para os santuários e o participar em outras manifestações da piedade popular, levando também os filhos ou convidando a outras pessoas, é em si mesmo um gesto evangelizador".[107] Não limitemos nem pretendamos controlar esta força missionária!

125. Para compreender esta necessidade, é preciso abordá-la com o olhar do Bom Pastor, que não procura julgar mas amar. Só a partir da conaturalidade afetiva que dá o amor é que podemos apreciar a vida teologal presente na piedade dos povos cristãos, especialmente nos pobres. Penso na fé firme das mães ao pé da cama do filho doente, que se agarram a um terço ainda que não saibam elencar os artigos do Credo; ou na carga imensa de esperança contida numa vela que se acende, numa casa humilde, para pedir ajuda a Maria, ou nos olhares de profundo amor a Cristo crucificado. Quem ama o povo fiel de Deus, não pode ver estas ações unicamente como uma busca natural da divindade; são a manifestação de uma vida teologal animada pela ação do Espírito Santo, que foi derramado em nossos corações (cf. *Rm* 5, 5).

---

[106] V Conferência Geral do Episcopado Latino-americano e do Caribe, *Documento de Aparecida* (29 de Junho de 2007), 264.

[107] *Ibid.*, 264.

126. Na piedade popular, por ser fruto do Evangelho inculturado, subjaz uma força ativamente evangelizadora que não podemos subestimar: seria ignorar a obra do Espírito Santo. Ao contrário, somos chamados a encorajá-la e fortalecê-la para aprofundar o processo de inculturação, que é uma realidade nunca acabada. As expressões da piedade popular têm muito que nos ensinar e, para quem as sabe ler, são um *lugar teológico* a que devemos prestar atenção particularmente na hora de pensar a nova evangelização.

De pessoa a pessoa

127. Hoje que a Igreja deseja viver uma profunda renovação missionária, há uma forma de pregação que nos compete a todos como tarefa diária: é cada um levar o Evangelho às pessoas com quem se encontra, tanto aos mais íntimos como aos desconhecidos. É a pregação informal que se pode realizar durante uma conversa, e é também a que realiza um missionário quando visita um lar. Ser discípulo significa ter a disposição permanente de levar aos outros o amor de Jesus; e isto sucede espontaneamente em qualquer lugar: na rua, na praça, no trabalho, num caminho.

128. Nesta pregação, sempre respeitosa e amável, o primeiro momento é um diálogo pessoal, no qual a outra pessoa se exprime e partilha as suas alegrias, as suas esperanças, as preocupações com os seus entes queridos

e muitas coisas que enchem o coração. Só depois desta conversa é que se pode apresentar-lhe a Palavra, seja pela leitura de algum versículo ou de modo narrativo, mas sempre recordando o anúncio fundamental: o amor pessoal de Deus que Se fez homem, entregou-Se a Si mesmo por nós e, vivo, oferece a sua salvação e a sua amizade. É o anúncio que se partilha com uma atitude humilde e testemunhal de quem sempre sabe aprender, com a consciência de que esta mensagem é tão rica e profunda que sempre nos ultrapassa. Umas vezes se exprime de maneira mais direta, outras através de um testemunho pessoal, uma história, um gesto, ou outra forma que o próprio Espírito Santo possa suscitar numa circunstância concreta. Se parecer prudente e houver condições, é bom que este encontro fraterno e missionário conclua com uma breve oração que se relacione com as preocupações que a pessoa manifestou. Assim ela sentirá mais claramente que foi ouvida e interpretada, que a sua situação foi posta nas mãos de Deus, e reconhecerá que a Palavra de Deus fala realmente à sua própria vida.

129. Contudo não se deve pensar que o anúncio evangélico tenha de ser transmitido sempre com determinadas fórmulas pré-estabelecidas ou com palavras concretas que exprimam um conteúdo absolutamente invariável. Transmite-se de formas tão diversas que seria impossível descrevê-las ou catalogá-las, e cujo

sujeito coletivo é o povo de Deus com seus gestos e sinais inumeráveis. Por conseguinte, se o Evangelho se encarnou numa cultura, já não se comunica apenas através do anúncio de pessoa a pessoa. Isto deve fazer-nos pensar que, nos países onde o cristianismo é minoria, para além de animar cada batizado a anunciar o Evangelho, as Igrejas particulares hão de promover ativamente formas, pelo menos incipientes, de inculturação. Enfim, o que se deve procurar é que a pregação do Evangelho, expressa com categorias próprias da cultura onde é anunciado, provoque uma nova síntese com essa cultura. Embora estes processos sejam sempre lentos, às vezes o medo paralisa-nos demasiado. Se deixarmos que as dúvidas e os medos sufoquem toda a ousadia, é possível que, em vez de sermos criativos, nos deixemos simplesmente ficar cômodos sem provocar qualquer avanço e, neste caso, não seremos participantes dos processos históricos com a nossa cooperação, mas simplesmente espectadores de uma estagnação estéril da Igreja.

Carismas ao serviço da comunhão evangelizadora

130. O Espírito Santo enriquece toda a Igreja evangelizadora também com diferentes carismas. São dons para renovar e edificar a Igreja.[108] Não se trata de

---

[108] Cf. Conc. Ecum. Vat. II, Const. dogm. sobre a Igreja *Lumen gentium*, 12.

um patrimônio fechado, entregue a um grupo para que o guarde; mas são presentes do Espírito integrados no corpo eclesial, atraídos para o centro que é Cristo, donde são canalizados num impulso evangelizador. Um sinal claro da autenticidade de um carisma é a sua eclesialidade, a sua capacidade de se integrar harmoniosamente na vida do povo santo de Deus para o bem de todos. Uma verdadeira novidade suscitada pelo Espírito não precisa fazer sombra sobre outras espiritualidades e dons para se afirmar a si mesma. Quanto mais um carisma dirigir o seu olhar para o coração do Evangelho, tanto mais eclesial será o seu exercício. É na comunhão, mesmo que seja fadigosa, que um carisma se revela autêntica e misteriosamente fecundo. Se vive este desafio, a Igreja pode ser um modelo para a paz no mundo.

131. As diferenças entre as pessoas e as comunidades por vezes são incômodas, mas o Espírito Santo, que suscita esta diversidade, de tudo pode tirar algo de bom e transformá-lo em dinamismo evangelizador que atua por atração. A diversidade deve ser sempre conciliada com a ajuda do Espírito Santo; só Ele pode suscitar a diversidade, a pluralidade, a multiplicidade e, ao mesmo tempo, realizar a unidade. Ao invés, quando somos nós que pretendemos a diversidade e nos fechamos em nossos particularismos, em nossos exclusivismos, provocamos a divisão; e, por outro lado, quando somos nós que queremos construir a unidade

com os nossos planos humanos, acabamos por impor a uniformidade, a homologação. Isto não ajuda a missão da Igreja.

Cultura, pensamento e educação

132. O anúncio às culturas implica também um anúncio às culturas profissionais, científicas e acadêmicas. É o encontro entre a fé, a razão e as ciências, que visa desenvolver um novo discurso sobre a credibilidade, uma apologética original[109] que ajude a criar as predisposições para que o Evangelho seja escutado por todos. Quando algumas categorias da razão e das ciências são acolhidas no anúncio da mensagem, tais categorias tornam-se instrumentos de evangelização; é a água transformada em vinho. É aquilo que, uma vez assumido, não só é redimido, mas torna-se instrumento do Espírito para iluminar e renovar o mundo.

133. Uma vez que não basta a preocupação do evangelizador em chegar a cada pessoa, mas o Evangelho também se anuncia às culturas no seu conjunto, a teologia – e não só a teologia pastoral – em diálogo com outras ciências e experiências humanas tem grande importância para pensar como fazer chegar a proposta do Evangelho à variedade dos contextos culturais e

---

[109] Cf. *Propositio* 17.

dos destinatários.[110] A Igreja, comprometida na evangelização, aprecia e encoraja o carisma dos teólogos e o seu esforço na investigação teológica, que promove o diálogo com o mundo da cultura e da ciência. Faço apelo aos teólogos para que cumpram este serviço como parte da missão salvífica da Igreja. Mas, para isso, é necessário que tenham a peito a finalidade evangelizadora da Igreja e da própria teologia, e não se contentem com uma teologia de gabinete.

134. As universidades são um âmbito privilegiado para pensar e desenvolver este compromisso de evangelização de modo interdisciplinar e inclusivo. As escolas católicas, que sempre procuram conjugar a tarefa educacional com o anúncio explícito do Evangelho, constituem uma contribuição muito válida para a evangelização da cultura, mesmo em países e cidades onde uma situação adversa nos incentiva a usar a nossa criatividade para se encontrar os caminhos adequados.[111]

2. A homilia

135. Consideremos agora a pregação dentro da Liturgia, que requer uma séria avaliação por parte dos Pastores. Deter-me-ei particularmente, e até com certa

---

[110] Cf. *Propositio* 30.

[111] Cf. *Propositio* 27.

meticulosidade, na homilia e sua preparação, porque são muitas as reclamações relacionadas com este ministério importante, e não podemos fechar os ouvidos. A homilia é o ponto de comparação para avaliar a proximidade e a capacidade de encontro de um Pastor com o seu povo. De fato, sabemos que os fiéis lhe dão muita importância; e, muitas vezes, tanto eles como os próprios ministros ordenados sofrem: uns a ouvir e os outros a pregar. É triste que assim seja. A homilia pode ser, realmente, uma experiência intensa e feliz do Espírito, um consolador encontro com a Palavra, uma fonte constante de renovação e crescimento.

136. Renovemos a nossa confiança na pregação, que se funda na convicção de que é Deus que deseja alcançar os outros através do pregador e de que Ele mostra o seu poder através da palavra humana. São Paulo fala vigorosamente sobre a necessidade de pregar, porque o Senhor quis chegar aos outros por meio também da nossa palavra (cf. *Rm* 10, 14-17). Com a palavra, Nosso Senhor conquistou o coração da gente. De todas as partes, vinham para ouvi-lo (cf. *Mc* 1, 45). Ficavam maravilhados, "bebendo" os seus ensinamentos (cf. *Mc* 6, 2). Sentiam que lhes falava como quem tem autoridade (cf. *Mc* 1, 27). E os Apóstolos, que Jesus estabelecera "para estarem com Ele e para enviá-los a pregar" (*Mc* 3, 14), atraíram para o seio da Igreja todos os povos com a palavra (cf. *Mc* 16, 15.20).

O contexto litúrgico

137. Agora é oportuno recordar que "a proclamação litúrgica da Palavra de Deus, principalmente no contexto da assembleia eucarística, não é tanto um momento de meditação e de catequese, como sobretudo o diálogo de Deus com o seu povo, no qual se proclamam as maravilhas da salvação e se propõem continuamente as exigências da Aliança".[112] Reveste-se de um valor especial a homilia, derivado do seu contexto eucarístico, que supera toda a catequese por ser o momento mais alto do diálogo entre Deus e o seu povo, antes da comunhão sacramental. A homilia é um retomar este diálogo que já está estabelecido entre o Senhor e o seu povo. Aquele que prega deve conhecer o coração da sua comunidade para identificar onde está vivo e ardente o desejo de Deus e também onde é que este diálogo de amor foi sufocado ou não pôde dar fruto.

138. A homilia não pode ser um espetáculo de divertimento, não corresponde à lógica dos recursos mediáticos, mas deve dar fervor e significado à celebração. É um gênero peculiar, já que se trata de uma pregação no quadro de uma celebração *litúrgica*; por conseguinte, deve ser breve e evitar que se pareça com uma conferência ou uma aula. O pregador pode até ser

---

[112] João Paulo II, Carta ap. *Dies Domini* (31 de Maio de 1998), 41: *AAS* 90 (1998), 738-739.

capaz de manter vivo o interesse das pessoas por uma hora, mas assim a sua palavra torna-se mais importante que a celebração da fé. Se a homilia se prolonga demasiado, lesa duas características da celebração litúrgica: a harmonia entre as suas partes e o seu ritmo. Quando a pregação se realiza no contexto da Liturgia, incorpora-se como parte da oferenda que se entrega ao Pai e como mediação da graça que Cristo derrama na celebração. Este mesmo contexto exige que a pregação oriente a assembleia, e também o pregador, para uma comunhão com Cristo na Eucaristia, que transforme a vida. Isto requer que a palavra do pregador não ocupe um lugar excessivo, para que o Senhor brilhe mais que o ministro.

A conversa da mãe

139. Dissemos que o povo de Deus, pela ação constante do Espírito nele, se evangeliza continuamente a si mesmo. Que implicações tem esta convicção para o pregador? Lembra-nos de que a Igreja é mãe e prega ao povo como uma mãe fala ao seu filho, sabendo que o filho tem confiança de que tudo o que se lhe ensina é para seu bem, porque se sente amado. Além disso, a boa mãe sabe reconhecer tudo o que Deus semeou no seu filho, escuta as suas preocupações e aprende com ele. O espírito de amor que reina numa família guia tanto a mãe como o filho nos seus diálogos, nos quais se ensina e aprende, se corrige e valoriza o que é bom;

assim deve acontecer também na homilia. O Espírito que inspirou os Evangelhos e atua no povo de Deus, inspira também como se deve escutar a fé do povo e como se deve pregar em cada Eucaristia. Portanto a pregação cristã encontra, no coração da cultura do povo, um manancial de água viva tanto para saber o que se deve dizer como para encontrar o modo mais apropriado para o dizer. Assim como todos gostamos que nos falem na nossa língua materna, assim também, na fé, gostamos que nos falem em termos da "cultura materna", em termos do idioma materno (cf. *2 Mc* 7, 21.27), e o coração dispõe-se a ouvir melhor. Esta linguagem é uma tonalidade que transmite coragem, inspiração, força, impulso.

140. Este âmbito materno-eclesial, onde se desenrola o diálogo do Senhor com o seu povo, deve ser encarecido e cultivado através da proximidade cordial do pregador, do tom caloroso da sua voz, da mansidão do estilo das suas frases, da alegria dos seus gestos. Mesmo que às vezes a homilia seja um pouco maçante, se houver este espírito materno-eclesial, será sempre fecunda, tal como os conselhos maçantes de uma mãe, com o passar do tempo, dão fruto no coração dos filhos.

141. Ficamos admirados com os recursos empregados pelo Senhor para dialogar com o seu povo, revelar o seu mistério a todos, cativar a gente comum com ensinamentos tão elevados e exigentes. Creio que

o segredo de Jesus esteja escondido naquele seu olhar o povo mais além das suas fraquezas e quedas: "Não temais, pequenino rebanho, porque aprouve ao vosso Pai dar-vos o Reino" (*Lc* 12, 32); Jesus prega com este espírito. Transbordando de alegria no Espírito, bendiz o Pai por Lhe atrair os pequeninos: "Bendigo-Te, ó Pai, Senhor do Céu e da Terra, porque escondeste estas coisas aos sábios e aos inteligentes e as revelaste aos pequeninos" (*Lc* 10, 21). O Senhor compraz-Se verdadeiramente em dialogar com o seu povo, e compete ao pregador fazer sentir este gosto do Senhor ao seu povo.

Palavras que abrasam os corações

142. Um diálogo é muito mais do que a comunicação de uma verdade. Realiza-se pelo prazer de falar e pelo bem concreto que se comunica através das palavras entre aqueles que se amam. É um bem que não consiste em coisas, mas nas próprias pessoas que mutuamente se dão no diálogo. A pregação puramente moralista ou doutrinadora e também a que se transforma numa lição de exegese reduzem esta comunicação entre os corações que se verifica na homilia e que deve ter um caráter quase sacramental: "A fé surge da pregação, e a pregação surge pela palavra de Cristo" (*Rm* 10, 17). Na homilia, a verdade anda de mãos dadas com a beleza e o bem. Não se trata de verdades abstratas ou de silogismos frios, porque se comunica também a beleza das imagens que o Senhor utilizava para incentivar a prática do bem.

A memória do povo fiel, como a de Maria, deve ficar transbordante das maravilhas de Deus. O seu coração, esperançado na prática alegre e possível do amor que lhe foi anunciado, sente que toda a palavra na Escritura, antes de ser exigência, é dom.

143. O desafio de uma pregação inculturada consiste em transmitir a síntese da mensagem evangélica, e não ideias ou valores soltos. Onde está a tua síntese, ali está o teu coração. A diferença entre iluminar com sínteses e o fazê-lo com ideias soltas é a mesma que há entre o ardor do coração e o tédio. O pregador tem a belíssima e difícil missão de unir os corações que se amam: o do Senhor e os do seu povo. O diálogo entre Deus e o seu povo reforça ainda mais a aliança entre ambos e estreita o vínculo da caridade. Durante o tempo da homilia, os corações dos crentes fazem silêncio e deixam-No falar a Ele. O Senhor e o seu povo falam-se de mil e uma maneiras diretamente, sem intermediários, mas, na homilia, querem que alguém sirva de instrumento e exprima os sentimentos, de modo que, depois, cada um possa escolher como continuar a sua conversa. A palavra é, essencialmente, mediadora e necessita não só dos dois dialogantes, mas também de um pregador que a represente como tal, convencido de que "não nos pregamos a nós mesmos, mas a Cristo Jesus, o Senhor, e nos consideramos vossos servos, por amor de Jesus" (*2 Cor* 4, 5).

144. Falar com o coração implica mantê-lo não só ardente, mas também iluminado pela integridade da Revelação e pelo caminho que essa Palavra percorreu no coração da Igreja e do nosso povo fiel ao longo da sua história. A identidade cristã, que é aquele abraço batismal que o Pai nos deu em pequeninos, faz-nos anelar, como filhos pródigos – e prediletos em Maria –, pelo outro abraço, o do Pai misericordioso que nos espera na glória. Fazer com que o nosso povo se sinta, de certo modo, no meio destes dois abraços é a tarefa difícil, mas bela, de quem prega o Evangelho.

3. A preparação da pregação

145. A preparação da pregação é uma tarefa tão importante que convém dedicar-lhe um tempo longo de estudo, oração, reflexão e criatividade pastoral. Com muita amizade, quero deter-me a propor um itinerário de preparação da homilia. Trata-se de indicações que, para alguns, poderão parecer óbvias, mas considero oportuno sugeri-las para recordar a necessidade de dedicar um tempo privilegiado a este precioso ministério. Alguns párocos sustentam frequentemente que isto não é possível por causa de tantas incumbências que devem desempenhar; todavia atrevo-me a pedir que todas as semanas se dedique a esta tarefa um tempo pessoal e comunitário suficientemente longo, mesmo que se tenha de dar menos tempo a outras tarefas também

importantes. A confiança no Espírito Santo que atua na pregação não é meramente passiva, mas ativa e *criativa*. Implica oferecer-se como instrumento (cf. *Rm* 12, 1), com todas as próprias capacidades, para que possam ser utilizadas por Deus. Um pregador que não se prepara não é "espiritual": é desonesto e irresponsável quanto aos dons que recebeu.

O culto da verdade

146. O primeiro passo, depois de invocar o Espírito Santo, é prestar toda a atenção ao texto bíblico, que deve ser o fundamento da pregação. Quando alguém se detém procurando compreender qual é a mensagem de um texto, exerce o "culto da verdade".[113] É a humildade do coração que reconhece que a Palavra sempre nos transcende, que somos, "não os árbitros nem os proprietários, mas os depositários, os arautos e os servidores".[114] Esta atitude de humilde e deslumbrada veneração da Palavra exprime-se se detendo a estudá-la com o máximo cuidado e com um santo temor de manipulá-la. Para se poder interpretar um texto bíblico, é necessário paciência, pôr de lado toda ansiedade e atribuir-lhe tempo, interesse e dedicação *gratuita*. Há que pôr de lado qualquer preocupação que nos inquiete,

---

[113] Paulo VI, Exort. ap. *Evangelii nuntiandi* (8 de Dezembro de 1975), 78: *AAS* 68 (1976), 71.

[114] *Ibid.*, 78: *o. c.*, 71.

para entrar noutro âmbito de serena atenção. Não vale a pena dedicar-se a ler um texto bíblico, se aquilo que se quer obter são resultados rápidos, fáceis ou imediatos. Por isso, a preparação da pregação requer amor. Uma pessoa só dedica um tempo gratuito e sem pressa às coisas ou às pessoas que ama; e aqui se trata de amar a Deus, que quis *falar*. A partir deste amor, uma pessoa pode deter-se todo o tempo que for necessário, com a atitude de um discípulo: "Fala, Senhor; o teu servo escuta" (*1 Sm* 3, 9).

147. Em primeiro lugar, convém estarmos seguros de compreender adequadamente o significado das *palavras* que lemos. Quero insistir em algo que parece evidente, mas que nem sempre é tido em conta: o texto bíblico, que estudamos, tem dois ou três mil anos, a sua linguagem é muito diferente da que usamos agora. Por mais que nos pareça termos entendido as palavras, que estão traduzidas na nossa língua, isso não significa que compreendemos corretamente tudo o que o escritor sagrado queria exprimir. São conhecidos os vários recursos que proporciona a análise literária: prestar atenção às palavras que se repetem ou evidenciam, reconhecer a estrutura e o dinamismo próprio de um texto, considerar o lugar que ocupam os personagens etc. Mas o objetivo não é o de compreender todos os pequenos detalhes de um texto; o mais importante é descobrir qual é a mensagem *principal*, a mensagem que confere

estrutura e unidade ao texto. Se o pregador não faz este esforço, é possível que também a sua pregação não tenha unidade nem ordem; o seu discurso será apenas uma súmula de várias ideias desarticuladas que não conseguirão mobilizar os outros. A mensagem central é aquela que o autor quis primariamente transmitir, o que implica identificar não só uma ideia, mas também o efeito que esse autor quis produzir. Se um texto foi escrito para consolar, não deveria ser utilizado para corrigir erros; se foi escrito para exortar, não deveria ser utilizado para instruir; se foi escrito para ensinar algo sobre Deus, não deveria ser utilizado para explicar várias opiniões teológicas; se foi escrito para levar ao louvor ou ao serviço missionário, não o utilizemos para informar sobre as últimas notícias.

148. É verdade que, para se entender adequadamente o sentido da mensagem central de um texto, é preciso colocá-lo em ligação com o ensinamento da Bíblia inteira, transmitida pela Igreja. Este é um princípio importante da interpretação bíblica, que tem em conta que o Espírito Santo não inspirou só uma parte, mas a Bíblia inteira, e que, nalgumas questões, o povo cresceu na sua compreensão da vontade de Deus a partir da experiência vivida. Assim se evitam interpretações equivocadas ou parciais, que contradizem outros ensinamentos da mesma Escritura. Mas isto não significa enfraquecer a acentuação própria e específica do texto

que se deve pregar. Um dos defeitos de uma pregação enfadonha e ineficaz é precisamente não poder transmitir a força própria do texto que foi proclamado.

A personalização da Palavra

149. O pregador "deve ser o primeiro a desenvolver uma grande familiaridade pessoal com a Palavra de Deus: não lhe basta conhecer o aspecto linguístico ou exegético, sem dúvida necessário; precisa se aproximar da Palavra com o coração dócil e orante, a fim de que ela penetre a fundo nos seus pensamentos e sentimentos e gere nele uma nova mentalidade".[115] Faz-nos bem renovar, cada dia, cada domingo, o nosso ardor na preparação da homilia, e verificar se, em nós mesmos, cresce o amor pela Palavra que pregamos. É bom não esquecer que, "particularmente, a maior ou menor santidade do ministro influi sobre o anúncio da Palavra".[116] Como diz São Paulo, "falamos, não para agradar aos homens, mas a Deus que põe à prova os nossos corações" (*1 Ts* 2, 4). Se está vivo este desejo de, primeiro, ouvirmos nós a Palavra que temos de pregar, esta transmitir-se-á de uma maneira ou de outra ao povo fiel de Deus: "A boca fala da abundância do coração" (*Mt* 12, 34). As leituras do domingo ressoarão com

---

[115] João Paulo II, Exort. ap. pós-sinodal *Pastores dabo vobis* (25 de Março de 1992), 26: *AAS* 84 (1992), 698.

[116] *Ibid.*, 25: *o. c.*, 696.

todo o seu esplendor no coração do povo, se primeiro ressoarem assim no coração do Pastor.

150. Jesus irritava-se com pretensiosos mestres, muito exigentes com os outros, que ensinavam a Palavra de Deus mas não se deixavam iluminar por ela: "Atam fardos pesados e insuportáveis e colocam-nos aos ombros dos outros, mas eles não põem nem um dedo para os deslocar" (*Mt* 23, 4). E o Apóstolo São Tiago exortava: "Meus irmãos, não haja muitos entre vós que pretendam ser mestres, sabendo que nós teremos um julgamento mais severo" (3, 1). Quem quiser pregar, deve primeiro estar disposto a deixar-se tocar pela Palavra e fazê-la carne na sua vida concreta. Assim, a pregação consistirá na atividade tão intensa e fecunda que é "comunicar aos outros o que foi contemplado".[117] Por tudo isto, antes de preparar concretamente o que vai dizer na pregação, o pregador tem que aceitar ser primeiro trespassado por essa Palavra que há de trespassar os outros, porque é uma Palavra *viva e eficaz*, que, como uma espada, "penetra até a divisão da alma e do corpo, das articulações e das medulas, e discerne os sentimentos e intenções do coração" (*Hb* 4, 12). Isto tem um valor pastoral. Mesmo nesta época, a gente prefere escutar as testemunhas: "Tem sede de autenticidade […], reclama evangelizadores que lhe falem de

---

[117] São Tomás de Aquino, *Summa theologiae* II-II, q. 188, a. 6.

um Deus que eles conheçam e lhes seja familiar como se eles vissem o invisível".[118]

151. Não nos é pedido que sejamos imaculados, mas que não cessemos de melhorar, vivamos o desejo profundo de progredir no caminho do Evangelho, e não deixemos cair os braços. Indispensável é que o pregador esteja seguro de que Deus o ama, de que Jesus Cristo o salvou, de que o seu amor tem sempre a última palavra. À vista de tanta beleza, sentirá muitas vezes que a sua vida não lhe dá plenamente glória e desejará sinceramente corresponder melhor a um amor tão grande. Todavia, se não se detém com sincera abertura a escutar esta Palavra, se não deixa que a mesma toque a sua vida, que o interpele, exorte, mobilize, se não dedica tempo para rezar com esta Palavra, então na realidade será um falso profeta, um embusteiro ou um charlatão vazio. Em todo o caso, desde que reconheça a sua pobreza e deseje comprometer-se mais, sempre poderá dar Jesus Cristo, dizendo como Pedro: "Não tenho ouro nem prata, mas o que tenho, isto te dou" (*At* 3, 6). O Senhor quer servir-Se de nós como seres vivos, livres e criativos, que se deixam penetrar pela sua Palavra antes de transmiti-la; a sua mensagem deve passar realmente através do pregador, e não só pela sua razão, mas tomando posse de todo o seu ser.

---

[118] PAULO VI, Exort. ap. *Evangelii nuntiandi* (8 de Dezembro de 1975), 76: *AAS* 68 (1976), 68.

O Espírito Santo, que inspirou a Palavra, é quem "hoje ainda, como nos inícios da Igreja, age em cada um dos evangelizadores que se deixa possuir e conduzir por Ele, e põe na sua boca as palavras que ele sozinho não poderia encontrar".[119]

A leitura espiritual

152. Há uma modalidade concreta para escutarmos aquilo que o Senhor nos quer dizer na sua Palavra e nos deixarmos transformar pelo Espírito: designamo-la por "*lectio divina*". Consiste na leitura da Palavra de Deus num tempo de oração, para lhe permitir que nos ilumine e renove. Esta leitura orante da Bíblia não está separada do estudo que o pregador realiza para individuar a mensagem central do texto; antes pelo contrário, é dela que deve partir para procurar descobrir aquilo que *essa mesma mensagem* tem a dizer à sua própria vida. A leitura espiritual de um texto deve partir do seu sentido literal. Caso contrário, uma pessoa facilmente fará o texto dizer o que lhe convém, o que serve para confirmar as suas próprias decisões, o que se adapta aos seus próprios esquemas mentais. E isto seria, em última análise, usar o sagrado para proveito próprio e passar esta confusão para o povo de Deus. Nunca devemos esquecer-nos de que, por vezes, "também Satanás se disfarça em anjo de luz" (*2 Cor* 11, 14).

---

[119] *Ibid.*, 75: *o. c.*, 65.

153. Na presença de Deus, numa leitura tranquila do texto, é bom perguntar-se, por exemplo: "Senhor, *a mim* que me diz este texto? Com esta mensagem, que quereis mudar na minha vida? Que é que me dá fastígio neste texto? Por que é que isto não me interessa?"; ou então: "De que gosto? Em que me estimula esta Palavra? Que me atrai? E por que me atrai?". Quando se procura ouvir o Senhor, é normal ter tentações. Uma delas é simplesmente sentir-se chateado e acabrunhado e dar tudo por encerrado; outra tentação muito comum é começar a pensar naquilo que o texto diz aos outros, para evitar aplicá-lo à própria vida. Acontece também de começar a procurar desculpas que nos permitam diluir a mensagem específica do texto. Outras vezes pensamos que Deus nos exige uma decisão demasiado grande, que ainda não estamos em condições de tomar. Isto leva muitas pessoas a perderem a alegria do encontro com a Palavra, mas isso significaria esquecer que ninguém é mais paciente do que Deus Pai, ninguém compreende e sabe esperar como Ele. Deus convida sempre a dar um passo a mais, mas não exige uma resposta completa, se ainda não percorremos o caminho que a torna possível. Apenas quer que olhemos com sinceridade a nossa vida e a apresentemos sem fingimento diante dos seus olhos, que estejamos dispostos a continuar a crescer, e peçamos a Ele o que ainda não podemos conseguir.

À *escuta do povo*

154. O pregador deve também pôr-se à escuta *do povo*, para descobrir aquilo que os fiéis precisam ouvir. Um pregador é um contemplativo da Palavra e também um contemplativo do povo. Desta forma, descobre "as aspirações, as riquezas e as limitações, as maneiras de orar, de amar, de encarar a vida e o mundo, que caracterizam este ou aquele aglomerado humano", prestando atenção "ao povo *concreto* com os seus sinais e símbolos e respondendo aos problemas que apresenta".[120] Trata-se de relacionar a mensagem do texto bíblico com uma situação humana, com algo que as pessoas vivem, com uma experiência que precisa da luz da Palavra. Esta preocupação não é ditada por uma atitude oportunista ou diplomática, mas é profundamente religiosa e pastoral. No fundo, é uma "sensibilidade espiritual para saber ler nos acontecimentos a mensagem de Deus",[121] e isto é muito mais do que encontrar algo interessante para dizer. Procura-se descobrir *o que o Senhor tem a dizer* nessas circunstâncias".[122] Então a preparação da pregação transforma-se num exercício de *discernimento evangélico*, no qual se procura reconhecer – à luz do Espírito – "um 'apelo' que Deus faz ressoar na própria

---

[120] *Ibid.*, 63: *o .c.*, 53.

[121] *Ibid.*, 43: *o. c.*, 33.

[122] *Ibid.*, 43: *o. c.*, 33.

situação histórica: também nele e através dele, Deus chama o crente".[123]

155. Nesta busca, é possível recorrer apenas a alguma experiência humana frequente, como, por exemplo, a alegria de um reencontro, as desilusões, o medo da solidão, a compaixão pela dor alheia, a incerteza perante o futuro, a preocupação com um ser querido, etc.; mas faz falta intensificar a sensibilidade para se reconhecer o que isso realmente tem a ver com a vida das pessoas. Recordemos que nunca se deve *responder a perguntas que ninguém se põe*, nem convém fazer a crônica da atualidade para despertar interesse; para isso, já existem os programas televisivos. Em todo o caso, é possível partir de algum fato para que a Palavra possa repercutir fortemente no seu apelo à conversão, à adoração, a atitudes concretas de fraternidade e serviço etc., porque acontece, às vezes, que algumas pessoas gostam de ouvir comentários sobre a realidade na pregação, mas nem por isso se deixam interpelar pessoalmente.

Recursos pedagógicos

156. Alguns acreditam que podem ser bons pregadores por saber o que devem dizer, mas descuidam o *como*, a forma concreta de desenvolver uma pregação. Zangam-se quando os outros não os ouvem ou não os

---

[123] João Paulo II, Exort. ap. pós-sinodal *Pastores dabo vobis* (25 de Março de 1992), 10: *AAS* 84 (1992), 672.

apreciam, mas talvez não se tenham empenhado por encontrar a forma adequada de apresentar a mensagem. Lembremo-nos de que "a evidente importância do conteúdo da evangelização não deve esconder a importância dos métodos e dos meios da mesma evangelização".[124] A preocupação com a forma de pregar também é uma atitude profundamente espiritual. É responder ao amor de Deus, entregando-nos com todas as nossas capacidades e criatividade à missão que Ele nos confia; mas também é um exímio exercício de amor ao próximo, porque não queremos oferecer aos outros algo de má qualidade. Na Bíblia, por exemplo, aparece a recomendação para se preparar a pregação de modo a garantir uma apropriada extensão: "Sê conciso no teu falar: muitas coisas em poucas palavras" (*Eclo* 32, 8).

157. Apenas, para exemplificar, recordemos alguns recursos práticos que podem enriquecer uma pregação e torná-la mais atraente. Um dos esforços mais necessários é aprender a usar imagens na pregação, isto é, a falar por imagens. Às vezes se usam exemplos para tornar mais compreensível algo que se quer explicar, mas estes exemplos frequentemente dirigem-se apenas ao entendimento, enquanto as imagens ajudam a apreciar e acolher a mensagem que se quer transmitir. Uma imagem fascinante faz com que se sinta a mensagem

---

[124] Paulo VI, Exort. ap. *Evangelii nuntiandi* (8 de Dezembro de 1975), 40: *AAS* 68 (1976), 31.

como algo familiar, próximo, possível, relacionado com a própria vida. Uma imagem apropriada pode levar a saborear a mensagem que se quer transmitir, desperta um desejo e motiva a vontade na direção do Evangelho. Uma boa homilia, como me dizia um antigo professor, deve conter "uma ideia, um sentimento, uma imagem".

158. Já dizia Paulo VI que os fiéis "esperam muito desta pregação e dela poderão tirar fruto, contanto que ela seja simples, clara, direta, adaptada".[125] A simplicidade tem a ver com a linguagem utilizada. Deve ser linguagem que os destinatários compreendam, para não correr o risco de falar ao vento. Acontece frequentemente que os pregadores usam palavras que aprenderam nos seus estudos e em certos ambientes, mas que não fazem parte da linguagem comum das pessoas que os ouvem. Há palavras próprias da teologia ou da catequese, cujo significado não é compreensível para a maioria dos cristãos. O maior risco de um pregador é habituar-se à sua própria linguagem e pensar que todos os outros a usam e compreendem espontaneamente. Se se quer adaptar à linguagem dos outros, para poder chegar até eles com a Palavra, deve-se escutar muito, é preciso partilhar a vida das pessoas e prestar-lhes benévola atenção. A simplicidade e a clareza são duas coisas diferentes. A linguagem pode ser muito simples, mas

---

[125] *Ibid.*, 43: *o. c.*, 33.

pouco clara a pregação. Pode-se tornar incompreensível pela desordem, pela sua falta de lógica, ou porque trata vários temas ao mesmo tempo. Por isso, outro cuidado necessário é procurar que a pregação tenha unidade temática, uma ordem clara e ligação entre as frases, de modo que as pessoas possam facilmente seguir o pregador e captar a lógica do que lhes diz.

159. Outra característica é a linguagem positiva. Não diz tanto o que não se deve fazer, como sobretudo propõe o que podemos fazer melhor. E, se aponta algo negativo, sempre procura mostrar também um valor positivo que atraia, para não ficar na queixa, no lamento, na crítica ou no remorso. Além disso, uma pregação positiva oferece sempre esperança, orienta para o futuro, não nos deixa prisioneiros da negatividade. Como é bom que sacerdotes, diáconos e leigos se reúnam periodicamente para encontrarem, juntos, os recursos que tornem mais atraente a pregação!

4. Uma evangelização para o aprofundamento do querigma

160. O mandato missionário do Senhor inclui o apelo ao crescimento da fé, quando diz: *"ensinando-os a cumprir tudo quanto vos tenho mandado"* (*Mt* 28, 20). Daqui se vê claramente que o primeiro anúncio deve desencadear também um caminho de formação e de

amadurecimento. A evangelização procura também o crescimento, o que implica tomar muito a sério em cada pessoa o projeto que Deus tem para ela. Cada ser humano precisa sempre mais de Cristo, e a evangelização não deveria deixar que alguém se contente com pouco, mas possa dizer com plena verdade: "Já não sou eu que vivo, mas é Cristo que vive em mim" (*Gl* 2, 20).

161. Não seria correto que este apelo ao crescimento fosse interpretado, exclusiva ou prioritariamente, como formação doutrinal. Trata-se de "cumprir" aquilo que o Senhor nos indicou como resposta ao seu amor, sobressaindo, junto com todas as virtudes, aquele mandamento novo que é o primeiro, o maior, o que melhor nos identifica como discípulos: "É este o meu mandamento: que vos ameis uns aos outros como Eu vos amei" (*Jo* 15, 12). É evidente que, quando os autores do Novo Testamento querem reduzir a mensagem moral cristã a uma última síntese, ao mais essencial, apresentam-nos a exigência irrenunciável do amor ao próximo: "Quem ama *o próximo* cumpre plenamente a lei. [...] É no amor que está o pleno cumprimento da lei" (*Rm* 13, 8.10). De igual modo, São Paulo, para quem o mandamento do amor não só resume a lei mas constitui o centro e a razão de ser da mesma: "Toda a lei se cumpre plenamente nesta *única* palavra: Ama *o teu próximo* como a ti mesmo" (*Gl* 5, 14). E, às suas comunidades, apresenta a vida cristã como um caminho

de crescimento no amor: "O Senhor vos faça crescer e superabundar de caridade uns para com os outros e para com todos" (*1 Ts* 3, 12). Também São Tiago exorta os cristãos a cumprir "a lei *do Reino*, de acordo com a Escritura: Amarás *o teu próximo* como a ti mesmo" (2, 8), acabando por não citar nenhum preceito.

162. Entretanto, este caminho de resposta e crescimento aparece sempre precedido pelo dom, porque o antecede aquele outro pedido do Senhor: "batizando-os em nome..." (*Mt* 28, 19). A adoção como filhos que o Pai oferece gratuitamente e a iniciativa do dom da sua graça (cf. *Ef* 2, 8-9; *1 Cor* 4, 7) são a condição que torna possível esta santificação constante, que agrada a Deus e Lhe dá glória. É deixar-se transformar em Cristo, vivendo progressivamente "de acordo com o Espírito" (*Rm* 8, 5).

Uma catequese querigmática e mistagógica

163. A educação e a catequese estão ao serviço deste crescimento. Já temos à disposição vários textos do Magistério e subsídios sobre a catequese, preparados pela Santa Sé e por diversos episcopados. Lembro a Exortação Apostólica *Catechesi tradendae* (1979), o *Diretório Geral para a Catequese* (1997) e outros documentos cujo conteúdo, sempre atual, não é necessário repetir aqui. Queria deter-me apenas nalgumas considerações que me parece oportuno evidenciar.

164. Voltamos a descobrir que também na catequese tem um papel fundamental o primeiro anúncio ou *querigma*, que deve ocupar o centro da atividade evangelizadora e de toda a tentativa de renovação eclesial. O *querigma* é trinitário. É o fogo do Espírito que se dá sob a forma de línguas e nos faz crer em Jesus Cristo, que, com a sua morte e ressurreição, nos revela e comunica a misericórdia infinita do Pai. Na boca do catequista, volta a ressoar sempre o primeiro anúncio: "Jesus Cristo ama-te, deu a sua vida para te salvar, e agora vive contigo todos os dias para te iluminar, fortalecer, libertar". Ao designar-se como "primeiro" este anúncio, não significa que o mesmo se situa no início e que, em seguida, se esquece ou substitui por outros conteúdos que o superam; é o primeiro em sentido qualitativo, porque é o anúncio *principal*, aquele que sempre se tem de voltar a ouvir de diferentes maneiras e aquele que sempre se tem de voltar a anunciar, de uma forma ou de outra, durante a catequese, em todas as suas etapas e momentos.[126] Por isso, também "o sacerdote, como a Igreja, deve crescer na consciência da sua permanente necessidade de ser evangelizado".[127]

165. Não se deve pensar que, na catequese, o *querigma* é deixado de lado em favor de uma formação

---

[126] Cf. *Propositio* 9.

[127] João Paulo II, Exort. ap. pós-sinodal *Pastores dabo vobis* (25 de Março de 1992), 26: *AAS* 84 (1992), 698.

supostamente mais "sólida". Nada há de mais sólido, mais profundo, mais seguro, mais consistente e mais sábio que esse anúncio. Toda a formação cristã é, primariamente, o aprofundamento do *querigma* que se vai, cada vez mais e melhor, fazendo carne, que nunca deixa de iluminar a tarefa catequética, e permite compreender adequadamente o sentido de qualquer tema que se desenvolve na catequese. É o anúncio que dá resposta ao anseio de infinito que existe em todo o coração humano. A centralidade do *querigma* requer certas características do anúncio que hoje são necessárias em toda a parte: que exprima o amor salvífico de Deus como prévio à obrigação moral e religiosa, que não imponha a verdade mas faça apelo à liberdade, que seja pautado pela alegria, o estímulo, a vitalidade e uma integralidade harmoniosa que não reduza a pregação a poucas doutrinas, por vezes mais filosóficas que evangélicas. Isto exige do evangelizador certas atitudes que ajudam a acolher melhor o anúncio: proximidade, abertura ao diálogo, paciência, acolhimento cordial que não condena.

166. Outra característica da catequese, que se desenvolveu nas últimas décadas, é a iniciação *mistagógica*,[128] que significa essencialmente duas coisas: a necessária progressividade da experiência

---

[128] Cf. *Propositio* 38.

formativa na qual intervém toda a comunidade e uma renovada valorização dos sinais litúrgicos da iniciação cristã. Muitos manuais e planificações ainda não se deixaram interpelar pela necessidade de uma renovação mistagógica, que poderia assumir formas muito diferentes de acordo com o discernimento de cada comunidade educativa. O encontro catequético é um anúncio da Palavra e está centrado nela, mas precisa sempre de uma ambientação adequada e de uma motivação atraente, do uso de símbolos eloquentes, da sua inserção num amplo processo de crescimento e da integração de todas as dimensões da pessoa num caminho comunitário de escuta e resposta.

167. É bom que toda a catequese preste uma especial atenção à "via da beleza (*via pulchritudinis*)".[129] Anunciar Cristo significa mostrar que crer n'Ele e segui-Lo não é algo apenas verdadeiro e justo, mas também belo, capaz de cumular a vida de um novo esplendor e de uma alegria profunda, mesmo no meio das provações. Nesta perspectiva, todas as expressões de verdadeira beleza podem ser reconhecidas como uma senda que ajuda a encontrar-se com o Senhor Jesus. Não se trata de fomentar um relativismo estético,[130] que pode obscurecer o vínculo indivisível entre verdade, bondade

---

[129] Cf. *Propositio* 20.

[130] Cf. CONC. ECUM. VAT. II, Decr. sobre os meios de comunicação social *Inter mirifica*, 6.

e beleza, mas de recuperar a estima da beleza para poder chegar ao coração do homem e fazer resplandecer nele a verdade e a bondade do Ressuscitado. Se nós, como diz Santo Agostinho, não amamos senão o que é belo,[131] o Filho feito homem, revelação da beleza infinita, é sumamente amável e atrai-nos para Si com laços de amor. Por isso, torna-se necessário que a formação na *via pulchritudinis* esteja inserida na transmissão da fé. É desejável que cada Igreja particular incentive o uso das artes na sua obra evangelizadora, em continuidade com a riqueza do passado, mas também na vastidão das suas múltiplas expressões atuais, a fim de transmitir a fé numa nova "linguagem parabólica".[132] É preciso ter a coragem de encontrar os novos sinais, os novos símbolos, uma nova carne para a transmissão da Palavra, as diversas formas de beleza que se manifestam em diferentes âmbitos culturais, incluindo aquelas modalidades não convencionais de beleza que podem ser pouco significativas para os evangelizadores, mas tornaram-se particularmente atraentes para os outros.

168. Relativamente à proposta moral da catequese, que convida a crescer na fidelidade ao estilo de

---

[131] Cf. *De musica*, VI, 13, 38: *PL* 32, 1183-1184; *Confessiones*, IV, 13, 20: *PL* 32, 701.

[132] Bento XVI, *Discurso no final da projeção do documentário "Arte e fé – via pulchritudinis"* (25 de Outubro de 2012): *L'Osservatore Romano* (ed. portuguesa de 03/XI/2012), 4.

vida do Evangelho, é oportuno indicar sempre o bem desejável, a proposta de vida, de maturidade, de realização, de fecundidade, sob cuja luz se pode entender a nossa denúncia dos males que a podem obscurecer. Mais do que como peritos em diagnósticos apocalípticos ou juízes sombrios que se comprazem em detectar qualquer perigo ou desvio, é bom que nos possam ver como mensageiros alegres de propostas altas, guardiões do bem e da beleza que resplandecem numa vida fiel ao Evangelho.

O acompanhamento pessoal dos processos de crescimento

169. Numa civilização paradoxalmente ferida pelo anonimato e, simultaneamente, obcecada com os detalhes da vida alheia, descaradamente doente de morbosa curiosidade, a Igreja tem necessidade de um olhar solidário para contemplar, comover-se e parar diante do outro, tantas vezes quantas forem necessárias. Neste mundo, os ministros ordenados e os outros agentes de pastoral podem tornar presente a fragrância da presença solidária de Jesus e o seu olhar pessoal. A Igreja deverá iniciar os seus membros – sacerdotes, religiosos e leigos – nesta "arte do acompanhamento", para que todos aprendam a descalçar sempre as sandálias diante da terra sagrada do outro (cf. *Ex* 3, 5). Devemos dar ao nosso caminhar o ritmo salutar da proximidade, com

um olhar respeitoso e cheio de compaixão, mas que ao mesmo tempo cure, liberte e anime a amadurecer na vida cristã.

170. Embora possa soar óbvio, o acompanhamento espiritual deve conduzir cada vez mais para Deus, em quem podemos alcançar a verdadeira liberdade. Alguns se creem livres quando caminham à margem de Deus, sem se dar conta de que ficam existencialmente órfãos, desamparados, sem um lar para onde sempre possam voltar. Deixam de ser peregrinos para se transformarem em errantes, que giram indefinidamente ao redor de si mesmos, sem chegar a lado nenhum. O acompanhamento seria contraproducente, caso se tornasse uma espécie de terapia que incentive esta reclusão das pessoas na sua imanência e deixe de ser uma peregrinação com Cristo para o Pai.

171. Hoje mais do que nunca precisamos de homens e mulheres que conheçam, a partir da sua experiência de acompanhamento, o modo de proceder onde reinem a prudência, a capacidade de compreensão, a arte de esperar, a docilidade ao Espírito, para no meio de todos defender dos lobos as ovelhas a nós confiadas que tentam desgarrar o rebanho. Precisamos de nos exercitar na arte de escutar, que é mais do que ouvir. Escutar, na comunicação com o outro, é a capacidade do coração que torna possível a proximidade, sem a qual não existe um verdadeiro encontro espiritual. Escutar

ajuda-nos a individuar o gesto e a palavra oportunos que nos desinstalam da cômoda condição de espectadores. Só a partir desta escuta respeitosa e compassiva é que se pode encontrar os caminhos para um crescimento genuíno, despertar o desejo do ideal cristão, o anseio de corresponder plenamente ao amor de Deus e o anelo de desenvolver o melhor de quanto Deus semeou na nossa própria vida. Mas sempre com a paciência de quem está ciente daquilo que ensinava São Tomás de Aquino: alguém pode ter a graça e a caridade, mas não praticar bem nenhuma das virtudes "por causa de algumas inclinações contrárias" que persistem.[133] Por outras palavras, as virtudes organizam-se sempre e necessariamente "*in habitu*", embora os condicionamentos possam dificultar as *operações* desses hábitos virtuosos. Por isso, faz falta "uma pedagogia que introduza a pessoa passo a passo até chegar à plena apropriação do mistério".[134] Para se chegar a um estado de maturidade, isto é, para que as pessoas sejam capazes de decisões verdadeiramente livres e responsáveis, é preciso dar tempo ao tempo, com uma paciência imensa. Como dizia o Beato Pedro Fabro: "O tempo é o mensageiro de Deus".

---

[133] *Summa theologiae* I-II, q. 65, a. 3, ad 2: "*propter aliquas dispositiones contrarias*".

[134] João Paulo II, Exort. ap. pós-sinodal *Ecclesia in Asia* (6 de Novembro de 1999), 20: *AAS* 92 (2000), 481.

172. Quem acompanha sabe reconhecer que a situação de cada pessoa diante de Deus e a sua vida em graça é um mistério que ninguém pode conhecer plenamente a partir do exterior. O Evangelho propõe-nos que se corrija e ajude a crescer uma pessoa a partir do reconhecimento da maldade objetiva das suas ações (cf. *Mt* 18, 15), mas sem proferir juízos sobre a sua responsabilidade e culpabilidade (cf. *Mt* 7, 1; *Lc* 6, 37). Seja como for, um válido acompanhante não transige com os fatalismos nem com a pusilanimidade. Sempre convida a querer curar-se, a pegar no catre (cf. *Mt* 9, 6), a abraçar a cruz, a deixar tudo e partir sem cessar para anunciar o Evangelho. A experiência pessoal de nos deixarmos acompanhar e curar, conseguindo exprimir com plena sinceridade a nossa vida a quem nos acompanha, ensina-nos a ser pacientes e compreensivos com os outros e habilita-nos a encontrar as formas para despertar neles a confiança, a abertura e a vontade de crescer.

173. O acompanhamento espiritual autêntico começa sempre e prossegue no âmbito do serviço à missão evangelizadora. A relação de Paulo com Timóteo e Tito é exemplo deste acompanhamento e desta formação durante a ação apostólica. Ao mesmo tempo em que lhes confia a missão de permanecer numa cidade concreta para "acabar de organizar o que ainda falta" (*Tt* 1, 5; cf. *1 Tm* 1, 3-5), dá-lhes os critérios para

a vida pessoal e a atividade pastoral. Isto é claramente distinto de todo o tipo de acompanhamento intimista, de autorrealização isolada. Os discípulos missionários acompanham discípulos missionários.

Ao redor da Palavra de Deus

174. Não é só a homilia que se deve alimentar da Palavra de Deus. Toda a evangelização está fundada sobre esta Palavra escutada, meditada, vivida, celebrada e testemunhada. A Sagrada Escritura é fonte da evangelização. Por isso, é preciso formar-se continuamente na escuta da Palavra. A Igreja não evangeliza, se não se deixa continuamente evangelizar. É indispensável que a Palavra de Deus "se torne cada vez mais o coração de toda a atividade eclesial".[135] A Palavra de Deus ouvida e celebrada, sobretudo na Eucaristia, alimenta e reforça interiormente os cristãos e torna-os capazes de um autêntico testemunho evangélico na vida diária. Superamos já a velha contraposição entre Palavra e Sacramento: a Palavra proclamada, viva e eficaz, prepara a recepção do Sacramento e, no Sacramento, essa Palavra alcança a sua máxima eficácia.

175. O estudo da Sagrada Escritura deve ser uma porta aberta para todos os crentes.[136] É fundamental que

---

[135] BENTO XVI, Exort. ap. pós-sinodal *Verbum Domini* (30 de Setembro de 2010), 1: *AAS* 102 (2010), 682.

[136] Cf. *Propositio* 11.

a Palavra revelada fecunde radicalmente a catequese e todos os esforços para transmitir a fé.[137] A evangelização requer a familiaridade com a Palavra de Deus, e isto exige que as dioceses, paróquias e todos os grupos católicos proponham um estudo sério e perseverante da Bíblia e promovam igualmente a sua leitura orante pessoal e comunitária.[138] Nós não procuramos Deus tateando, nem precisamos esperar que Ele nos dirija a palavra, porque realmente "Deus falou, já não é o grande desconhecido, mas mostrou-Se a Si mesmo".[139] Acolhamos o tesouro sublime da Palavra revelada!

---

[137] Cf. CONC. ECUM. VAT. II, Const. dogm. sobre a Revelação divina *Dei Verbum*, 21-22.

[138] Cf. BENTO XVI, Exort. ap. pós-sinodal *Verbum Domini* (30 de Setembro de 2010), 86-87: *AAS* 102 (2010), 757-760.

[139] BENTO XVI, *Meditação durante a primeira Congregação geral do Sínodo dos Bispos* (8 de Outubro de 2012): *AAS* 104 (2012), 896.

Capítulo IV

A DIMENSÃO SOCIAL DA EVANGELIZAÇÃO

176. Evangelizar é tornar o Reino de Deus presente no mundo. "Nenhuma definição parcial e fragmentada, porém, chegará a dar razão da realidade rica, complexa e dinâmica que é a evangelização, a não ser com o risco de empobrecê-la e até mesmo de mutilá-la".[140] Desejo agora partilhar as minhas preocupações relacionadas com a dimensão social da evangelização, precisamente porque, se esta dimensão não for devidamente explicitada, corre-se sempre o risco de desfigurar o sentido autêntico e integral da missão evangelizadora.

1. As repercussões comunitárias e sociais do querigma

177. O *querigma* possui um conteúdo inevitavelmente social: no próprio coração do Evangelho, aparecem a vida comunitária e o compromisso com

---

[140] Paulo VI, Exort. ap. *Evangelii nuntiandi* (8 de Dezembro de 1975), 17: *AAS* 68 (1976), 17.

os outros. O conteúdo do primeiro anúncio tem uma repercussão moral imediata, cujo centro é a caridade.

Confissão da fé e compromisso social

178. Confessar um Pai que ama infinitamente cada ser humano implica descobrir que "assim lhe confere uma dignidade infinita".[141] Confessar que o Filho de Deus assumiu a nossa carne humana significa que cada pessoa humana foi elevada até ao próprio coração de Deus. Confessar que Jesus deu o seu sangue por nós impede-nos de ter qualquer dúvida acerca do amor sem limites que enobrece todo o ser humano. A sua redenção tem um sentido social, porque "Deus, em Cristo, não redime somente a pessoa individual, mas também as relações sociais entre os homens".[142] Confessar que o Espírito Santo atua em todos implica reconhecer que Ele procura permear toda a situação humana e todos os vínculos sociais: "O Espírito Santo possui uma inventiva infinita, própria da mente divina, que sabe prover a desfazer os nós das vicissitudes humanas mais complexas e impenetráveis".[143] A evangelização procura

---

[141] João Paulo II, *Alocução aos Inválidos*, antes do *Angelus* (Catedral de Osnabrück, Alemanha, 16 de Novembro de 1980): *Insegnamenti* III/2 (1980), 1232.

[142] Pont. Conselho "Justiça e Paz", *Compêndio da Doutrina Social da Igreja*, 52.

[143] João Paulo II, Catequese (Audiência Geral de 24 de Abril de 1991): *Insegnamenti* XIV/1 (1991), 856.

colaborar também com esta ação libertadora do Espírito. O próprio mistério da Trindade nos recorda de que somos criados à imagem desta comunhão divina, pelo que não podemos realizar-nos nem salvar-nos sozinhos. A partir do coração do Evangelho, reconhecemos a conexão íntima que existe entre evangelização e promoção humana, que se deve necessariamente exprimir e desenvolver em toda a ação evangelizadora. A aceitação do primeiro anúncio, que convida a deixar-se amar por Deus e a amá-Lo com o amor que Ele mesmo nos comunica, provoca na vida da pessoa e nas suas ações uma primeira e fundamental reação: desejar, buscar e cuidar do bem dos outros.

179. Este laço indissolúvel entre a recepção do anúncio salvífico e um efetivo amor fraterno exprime-se nalguns textos da Escritura, que convém considerar e meditar atentamente para tirar deles todas as consequências. É uma mensagem a que frequentemente nos habituamos e repetimos quase mecanicamente, mas sem nos assegurarmos de que tenha real incidência na nossa vida e nas nossas comunidades. Como é perigoso e prejudicial este habituar-se que nos leva a perder a maravilha, a fascinação, o entusiasmo de viver o Evangelho da fraternidade e da justiça! A Palavra de Deus ensina que, no irmão, está o prolongamento permanente da Encarnação para cada um de nós: "Sempre que fizestes isto a um destes meus irmãos mais pequeninos,

a Mim mesmo o fizestes" (*Mt* 25, 40). O que fizermos aos outros, tem uma dimensão transcendente: "Com a medida com que medirdes, assim sereis medidos" (*Mt* 7, 2); e corresponde à misericórdia divina para conosco: "Sede misericordiosos como o vosso Pai é misericordioso. Não julgueis e não sereis julgados; não condeneis, e não sereis condenados; perdoai, e sereis perdoados. Dai e ser-vos-á dado [...]. A medida que usardes com os outros será usada convosco" (*Lc* 6, 36-38). Nestes textos, exprime-se a absoluta prioridade da "saída de si próprio para o irmão", como um dos dois mandamentos principais que fundamentam toda a norma moral e como o sinal mais claro para discernir sobre o caminho de crescimento espiritual em resposta à doação absolutamente gratuita de Deus. Por isso mesmo, "também o serviço da caridade é uma dimensão constitutiva da missão da Igreja e expressão irrenunciável da sua própria essência".[144] Assim como a Igreja é missionária por natureza, também brota inevitavelmente dessa natureza a caridade efetiva para com o próximo, a compaixão que compreende, assiste e promove.

O Reino que nos chama

180. Ao lermos as Escrituras, fica bem claro que a proposta do Evangelho não consiste só numa relação

---

[144] Bento XVI, Carta ap. em forma de motu proprio *Intima Ecclesiae natura* (11 de Novembro de 2012), proêmio: *AAS* 104 (2012), 996.

pessoal com Deus. E a nossa resposta de amor também não deveria ser entendida como uma mera soma de pequenos gestos pessoais a favor de alguns indivíduos necessitados, o que poderia constituir uma "caridade por receita", uma série de ações destinadas apenas a tranquilizar a própria consciência. A proposta *é o Reino de Deus* (cf. *Lc* 4, 43); trata-se de amar a Deus, que reina no mundo. Na medida em que Ele conseguir reinar entre nós, a vida social será um espaço de fraternidade, de justiça, de paz, de dignidade para todos. Por isso, tanto o anúncio como a experiência cristã tendem a provocar consequências sociais. Procuremos o seu Reino: "Buscai primeiro o Reino de Deus e a sua justiça, e tudo o mais vos será dado por acréscimo" (*Mt* 6, 33). O projeto de Jesus é instaurar o Reino de seu Pai; por isso, pede aos seus discípulos: "Proclamai que o Reino do Céu está perto" (*Mt* 10, 7).

181. O Reino, que se antecipa e cresce entre nós, abrange tudo, como nos recorda aquele princípio de discernimento que Paulo VI propunha a propósito do verdadeiro desenvolvimento: "Todos os homens e o homem todo".[145] Sabemos que "a evangelização não seria completa, se ela não tomasse em consideração a interpelação recíproca que se fazem constantemente o Evangelho e a vida concreta, pessoal e social, dos

---

[145] Carta enc. *Populorum progressio* (26 de Março de 1967), 14: *AAS* 59 (1967), 264.

homens".[146] É o critério da universalidade, próprio da dinâmica do Evangelho, dado que o Pai quer que todos os homens se salvem; e o seu plano de salvação consiste em "submeter tudo a Cristo, reunindo n'Ele o que há no céu e na terra" (*Ef* 1, 10). O mandato é: "Ide pelo mundo inteiro, proclamai o Evangelho a toda criatura" (*Mc* 16, 15), porque toda "a criação se encontra em expectativa ansiosa, aguardando a revelação dos filhos de Deus" (*Rm* 8, 19). Toda a criação significa também todos os aspectos da vida humana, de tal modo que "a missão do anúncio da Boa Nova de Jesus Cristo tem destinação universal. Seu mandato de caridade alcança todas as dimensões da existência, todas as pessoas, todos os ambientes da convivência e todos os povos. Nada do humano pode lhe parecer estranho".[147] A verdadeira esperança cristã, que procura o Reino escatológico, gera sempre história.

A doutrina da Igreja sobre as questões sociais

182. Os ensinamentos da Igreja acerca de situações contingentes estão sujeitos a maiores ou novos desenvolvimentos e podem ser objeto de discussão, mas não podemos evitar de ser concretos – sem pretender entrar em detalhes – para que os grandes princípios

---

[146] PAULO VI, Exort. ap. *Evangelii nuntiandi* (8 de Dezembro de 1975), 29: *AAS* 68 (1976), 25.

[147] V CONFERÊNCIA GERAL DO EPISCOPADO LATINO-AMERICANO E DO CARIBE, *Documento de Aparecida* (29 de Junho de 2007), 380.

sociais não fiquem meras generalidades que não interpelam ninguém. É preciso tirar as suas consequências práticas, para que "possam incidir com eficácia também nas complexas situações hodiernas".[148] Os Pastores, acolhendo as contribuições das diversas ciências, têm o direito de exprimir opiniões sobre tudo aquilo que diz respeito à vida das pessoas, dado que a tarefa da evangelização implica e exige uma promoção integral de cada ser humano. Já não se pode afirmar que a religião deve limitar-se ao âmbito privado e serve apenas para preparar as almas para o céu. Sabemos que Deus deseja a felicidade dos seus filhos também nesta terra, embora estejam chamados à plenitude eterna, porque Ele criou todas as coisas "para nosso usufruto" (*1 Tm* 6, 17), para que *todos* possam usufruir delas. Por isso, a conversão cristã exige rever "especialmente tudo o que diz respeito à ordem social e consecução do bem comum".[149]

183. Por conseguinte, ninguém pode exigir-nos que releguemos a religião para a intimidade secreta das pessoas, sem qualquer influência na vida social e nacional, sem nos preocupar com a saúde das instituições da sociedade civil, sem nos pronunciar sobre os acontecimentos que interessam aos cidadãos. Quem

---

[148] Pont. Conselho "Justiça e Paz", *Compêndio da Doutrina Social da Igreja*, 9.

[149] João Paulo II, Exort. ap. pós-sinodal *Ecclesia in America* (22 de Janeiro de 1999), 27: *AAS* 91 (1999), 762.

ousaria encerrar num templo e silenciar a mensagem de São Francisco de Assis e da Beata Teresa de Calcutá? Eles não o poderiam aceitar. Uma fé autêntica – que nunca é cômoda nem individualista – comporta sempre um profundo desejo de mudar o mundo, transmitir valores, deixar a terra um pouco melhor depois da nossa passagem por ela. Amamos este magnífico planeta, onde Deus nos colocou, e amamos a humanidade que o habita, com todos os seus dramas e cansaços, com os seus anseios e esperanças, com os seus valores e fragilidades. A terra é a nossa casa comum, e todos somos irmãos. Embora "a justa ordem da sociedade e do Estado seja dever central da política", a Igreja "não pode nem deve ficar à margem na luta pela justiça".[150] Todos os cristãos, incluindo os Pastores, são chamados a preocupar-se com a construção de um mundo melhor. É disto mesmo que se trata, pois o pensamento social da Igreja é primariamente positivo e construtivo, orienta uma ação transformadora e, neste sentido, não deixa de ser um sinal de esperança que brota do coração amoroso de Jesus Cristo. Ao mesmo tempo, "une o próprio empenho ao esforço em campo social das demais Igrejas e Comunidades eclesiais, tanto na reflexão doutrinal como na prática".[151]

---

[150] Bento XVI, Carta enc. *Deus caritas est* (25 de Dezembro de 2005), 28: *AAS* 98 (2006), 239-240.

[151] Pont. Conselho "Justiça e Paz", *Compêndio da Doutrina Social da Igreja*, 12.

184. Aqui não é o momento para explanar todas as graves questões sociais que afetam o mundo atual, algumas das quais já comentei no terceiro capítulo. Este não é um documento social e, para nos ajudar a refletir sobre estes vários temas, temos um instrumento muito apropriado no *Compêndio da Doutrina Social da Igreja*, cujo uso e estudo vivamente recomendo. Além disso, nem o Papa nem a Igreja possui o monopólio da interpretação da realidade social ou da apresentação de soluções para os problemas contemporâneos. Posso repetir aqui o que indicava, com grande lucidez, Paulo VI: "Perante situações, assim tão diversificadas, torna-se difícil a nós tanto pronunciar uma palavra única como propor uma solução que tenha um valor universal. Mas, isso não é ambição nossa, nem mesmo a nossa missão. É às comunidades cristãs que cabe analisarem, com objetividade, a situação própria do seu país".[152]

185. Em seguida, procurarei concentrar-me sobre duas grandes questões que me parecem fundamentais neste momento da história. Desenvolvê-las-ei com certa amplitude, porque considero que irão determinar o futuro da humanidade. A primeira é a inclusão social dos pobres; e a segunda, a questão da paz e do diálogo social.

---

[152] Carta ap. *Octogesima adveniens* (14 de Maio de 1971), 4: *AAS* 63 (1971), 403.

2. A inclusão social dos pobres

186. Deriva da nossa fé em Cristo, que Se fez pobre e sempre Se aproximou dos pobres e marginalizados, a preocupação pelo desenvolvimento integral dos mais abandonados da sociedade.

Unidos a Deus, ouvimos um clamor

187. Cada cristão e cada comunidade são chamados a ser instrumentos de Deus ao serviço da libertação e promoção dos pobres, para que possam integrar-se plenamente na sociedade; isto supõe estar docilmente atentos, para ouvir o clamor do pobre e socorrê-lo. Basta percorrer as Escrituras, para descobrir como o Pai bom quer ouvir o clamor dos pobres: "Eu vi a opressão do meu povo que está no Egito, e ouvi o seu clamor diante dos seus inspetores; conheço, na verdade, os seus sofrimentos. Desci a fim de libertá-los [...]. E agora, vai; Eu te envio..." (*Ex* 3, 7-8.10). E Ele mostra-Se solícito com as suas necessidades: "Os filhos de Israel clamaram, então, ao Senhor, e o Senhor enviou-lhes um salvador" (*Jz* 3, 15). Ficar surdo a este clamor, quando somos os instrumentos de Deus para ouvir o pobre, coloca-nos fora da vontade do Pai e do seu projeto, porque esse pobre "clamaria ao Senhor contra ti, e aquilo se tornaria para ti um pecado" (*Dt* 15, 9). E a falta de solidariedade, nas suas necessidades, influi diretamente sobre a nossa relação com Deus: "Se te amaldiçoa na

amargura da sua alma, Aquele que o criou ouvirá a sua oração" (*Eclo* 4, 6). Sempre retorna a antiga pergunta: "Se alguém possuir bens deste mundo e, vendo o seu irmão com necessidade, lhe fechar o seu coração, como é que o amor de Deus pode permanecer nele?" (*1 Jo* 3, 17). Lembremos também com quanta convicção o Apóstolo São Tiago retomava a imagem do clamor dos oprimidos: "Olhai que o salário que não pagastes, aos trabalhadores que ceifaram os vossos campos, está clamando; e os clamores dos ceifeiros chegaram aos ouvidos do Senhor do universo" (5, 4).

188. A Igreja reconheceu que a exigência de ouvir este clamor deriva da própria obra libertadora da graça em cada um de nós, pelo que não se trata de uma missão reservada apenas a alguns: "A Igreja, guiada pelo Evangelho da Misericórdia e pelo amor ao homem, *escuta o clamor pela justiça* e deseja responder com todas as suas forças".[153] Nesta linha, se pode entender o pedido de Jesus aos seus discípulos: "Dai-lhes vós mesmos de comer" (*Mc* 6, 37), que envolve tanto a cooperação para resolver as causas estruturais da pobreza e promover o desenvolvimento integral dos pobres, como os gestos mais simples e diários de solidariedade para com as misérias muito concretas que encontramos. Embora um pouco desgastada e, por vezes, até mal interpretada, a

---

[153] Congr. para a Doutrina da Fé, Instr. *Libertatis nuntius* (6 de Agosto de 1984), XI, 1: *AAS* 76 (1984), 903.

palavra "solidariedade" significa muito mais do que alguns atos esporádicos de generosidade; supõe a criação de uma nova mentalidade que pense em termos de comunidade, de prioridade da vida de todos sobre a apropriação dos bens por parte de alguns.

189. A solidariedade é uma reação espontânea de quem reconhece a função social da propriedade e o destino universal dos bens como realidades anteriores à propriedade privada. A posse privada dos bens justifica-se para cuidar deles e aumentá-los de modo a servirem melhor o bem comum, pelo que a solidariedade deve ser vivida como a decisão de devolver ao pobre o que lhe corresponde. Estas convicções e práticas de solidariedade, quando se fazem carne, abrem caminho a outras transformações estruturais e tornam-nas possíveis. Uma mudança nas estruturas, sem se gerar novas convicções e atitudes, fará com que essas mesmas estruturas, mais cedo ou mais tarde, se tornem corruptas, pesadas e ineficazes.

190. Às vezes trata-se de ouvir o clamor de povos inteiros, dos povos mais pobres da terra, porque "a paz funda-se não só no respeito pelos direitos do homem, mas também no respeito pelo direito dos povos".[154] Lamentavelmente, até os direitos humanos podem ser

---

[154] Pont. Conselho "Justiça e Paz", *Compêndio da Doutrina Social da Igreja*, 157.

usados como justificação para uma defesa exacerbada dos direitos individuais ou dos direitos dos povos mais ricos. Respeitando a independência e a cultura de cada nação, é preciso recordar-se sempre de que o planeta é de toda a humanidade e para toda a humanidade, e que o simples fato de ter nascido num lugar com menores recursos ou menor desenvolvimento não justifica que algumas pessoas vivam menos dignamente. É preciso repetir que "os mais favorecidos devem renunciar a alguns dos seus direitos, para poderem colocar, com mais liberalidade, os seus bens ao serviço dos outros".[155] Para falarmos adequadamente dos nossos direitos, é preciso alongar mais o olhar e abrir os ouvidos ao clamor dos outros povos ou de outras regiões do próprio país. Precisamos crescer numa solidariedade que "permita a todos os povos tornarem-se artífices do seu destino",[156] tal como "cada homem é chamado a desenvolver-se".[157]

191. Animados pelos seus Pastores, os cristãos são chamados, em todo o lugar e circunstância, a ouvir o clamor dos pobres, como bem se expressaram os Bispos do Brasil: "Desejamos assumir, a cada dia, as alegrias e esperanças, as angústias e tristezas do povo

---

[155] Paulo VI, Carta ap. *Octogesima adveniens* (14 de Maio de 1971), 23: *AAS* 63 (1971), 418.

[156] Paulo VI, Carta enc. *Populorum progressio* (26 de Março de 1967), 65: *AAS* 59 (1967), 289.

[157] *Ibid.*, 15: *o. c.*, 265.

brasileiro, especialmente das populações das periferias urbanas e das zonas rurais – sem terra, sem teto, sem pão, sem saúde – lesadas em seus direitos. Vendo a sua miséria, ouvindo os seus clamores e conhecendo o seu sofrimento, escandaliza-nos o fato de saber que existe alimento suficiente para todos e que a fome se deve à má repartição dos bens e da renda. O problema se agrava com a prática generalizada do desperdício".[158]

192. Mas queremos ainda mais, o nosso sonho voa mais alto. Não se fala apenas de garantir a comida ou um decoroso "sustento" para todos, mas "prosperidade e civilização *em seus múltiplos aspectos*".[159] Isto engloba educação, acesso aos cuidados de saúde e especialmente trabalho, porque, no trabalho livre, criativo, participativo e solidário, o ser humano exprime e engrandece a dignidade da sua vida. O salário justo permite o acesso adequado aos outros bens que estão destinados ao uso comum.

Fidelidade ao Evangelho, para não correr em vão

193. Este imperativo de ouvir o clamor dos pobres faz-se carne em nós, quando no mais íntimo de nós

---

[158] CONFERÊNCIA NACIONAL DOS BISPOS DO BRASIL, Documento *Exigências evangélicas e éticas de superação da miséria e da fome* (Abril de 2002), Introdução, 2.

[159] JOÃO XXIII, Carta enc. *Mater et magistra* (15 de Maio de 1961), 3: *AAS* 53 (1961), 402.

mesmos nos comovemos à vista do sofrimento alheio. Voltemos a ler alguns ensinamentos da Palavra de Deus sobre a misericórdia, para que ressoem vigorosamente na vida da Igreja. O Evangelho proclama: "Felizes os misericordiosos, porque alcançarão misericórdia" (*Mt* 5, 7). O Apóstolo São Tiago ensina que a misericórdia para com os outros nos permite sair triunfantes no juízo divino: "Falai e procedei como pessoas que hão de ser julgadas segundo a lei da liberdade. Porque, quem não pratica a misericórdia, será julgado sem misericórdia. Mas a misericórdia não teme o julgamento" (2, 12-13). Neste texto, São Tiago aparece-nos como herdeiro do que tinha de mais rico a espiritualidade judaica do pós-exílio, a qual atribuía um especial valor salvífico à misericórdia: "Redime o teu pecado pela justiça, e as tuas iniquidades, pela piedade para com os infelizes; talvez isto consiga prolongar a tua prosperidade" (*Dn* 4, 24). Nesta mesma perspectiva, a literatura sapiencial fala da esmola como exercício concreto da misericórdia para com os necessitados: "A esmola livra da morte e limpa de todo o pecado" (*Tb* 12, 9). E de forma ainda mais sensível se exprime Ben-Sirá: "A água apaga o fogo ardente, e a esmola expia o pecado" (*Eclo* 3, 30). Encontramos a mesma síntese no Novo Testamento: "Mantende entre vós uma intensa caridade, porque o amor cobre a multidão dos pecados" (*1 Pd* 4, 8). Esta verdade permeou profundamente a mentalidade dos

Padres da Igreja, tendo exercido uma resistência profética como alternativa cultural frente ao individualismo hedonista pagão. Recordemos apenas um exemplo: "Tal como, em perigo de incêndio, correríamos a buscar água para apagá-lo [...], o mesmo deveríamos fazer quando nos turvamos porque, da nossa palha, irrompeu a chama do pecado; assim, quando se nos proporciona a ocasião de uma obra cheia de misericórdia, alegremo-nos por ela como se fosse uma fonte que nos é oferecida e na qual podemos extinguir o incêndio".[160]

194. É uma mensagem tão clara, tão direta, tão simples e eloquente que nenhuma hermenêutica eclesial tem o direito de relativizar. A reflexão da Igreja sobre estes textos não deveria ofuscar nem enfraquecer o seu sentido exortativo, mas antes ajudar a assumi-los com coragem e ardor. Para quê complicar o que é tão simples? As elaborações conceituais hão de favorecer o contato com a realidade que pretendem explicar, e não afastar-nos dela. Isto vale, sobretudo, para as exortações bíblicas que convidam, com tanta determinação, ao amor fraterno, ao serviço humilde e generoso, à justiça, à misericórdia para com o pobre. Jesus ensinou-nos este caminho de reconhecimento do outro, com as suas palavras e com os seus gestos. Para quê ofuscar o que é tão claro? Não nos preocupemos só com não

---

[160] SANTO AGOSTINHO, *De catechizandis rudibus*, I, XIV, 22: PL 40, 327.

cair em erros doutrinais, mas também com ser fiéis a este caminho luminoso de vida e sabedoria. Porque "é frequente dirigir aos defensores da 'ortodoxia' a acusação de passividade, de indulgência ou de cumplicidade culpáveis frente a situações intoleráveis de injustiça e de regimes políticos que mantêm estas situações".[161]

195. Quando São Paulo foi ter com os Apóstolos em Jerusalém para discernir "se estava correndo ou tinha corrido em vão" (*Gl* 2, 2), o critério-chave de autenticidade que lhe indicaram foi que não se esquecesse dos pobres (cf. *Gl* 2, 10). Este critério importante para que as comunidades paulinas não se deixassem arrastar pelo estilo de vida individualista dos pagãos, tem uma grande atualidade no contexto atual em que tende a desenvolver-se um novo paganismo individualista. A própria beleza do Evangelho nem sempre a conseguimos manifestar adequadamente, mas há um sinal que nunca deve faltar: a opção pelos últimos, por aqueles que a sociedade descarta e lança fora.

196. Às vezes somos duros de coração e de mente, esquecemo-nos, entretemo-nos, extasiamo-nos com as imensas possibilidades de consumo e de distração que esta sociedade oferece. Gera-se assim uma espécie de alienação que nos afeta a todos, pois "alienada é a

---

[161] Congr. para a Doutrina da Fé, Instr. *Libertatis nuntius* (6 de Agosto de 1984), XI, 18: *AAS* 76 (1984), 907-908.

sociedade que, nas suas formas de organização social, de produção e de consumo, torna mais difícil a realização deste dom e a constituição dessa solidariedade inter-humana".[162]

O lugar privilegiado dos pobres no povo de Deus

197. No coração de Deus, ocupam lugar preferencial os pobres, tanto que até Ele mesmo "Se fez pobre" (*2 Cor* 8, 9). Todo o caminho da nossa redenção está assinalado pelos pobres. Esta salvação veio a nós, através do "sim" de uma jovem humilde, de uma pequena povoação perdida na periferia de um grande império. O Salvador nasceu num presépio, entre animais, como sucedia com os filhos dos mais pobres; foi apresentado no Templo, juntamente com dois pombinhos, a oferta de quem não podia permitir-se pagar um cordeiro (cf. *Lc* 2, 24; *Lv* 5, 7); cresceu num lar de simples trabalhadores, e trabalhou com suas mãos para ganhar o pão. Quando começou a anunciar o Reino, seguiam-No multidões de deserdados, pondo assim em evidência o que Ele mesmo dissera: "O Espírito do Senhor está sobre Mim, porque Me ungiu para anunciar a Boa-Nova aos pobres" (*Lc* 4, 18). A quantos sentiam o peso do sofrimento, acabrunhados pela pobreza, assegurou que Deus os tinha no âmago do seu coração: "Felizes vós,

---

[162] João Paulo II, Carta enc. *Centesimus annus* (1 de Maio de 1991), 41: *AAS* 83 (1991), 844-845.

os pobres, porque vosso é o Reino de Deus" (*Lc* 6, 20); e com eles Se identificou: "Tive fome e destes-Me de comer", ensinando que a misericórdia para com eles é a chave do Céu (cf. *Mt* 25, 34-40).

198. Para a Igreja, a opção pelos pobres é mais uma categoria teológica que cultural, sociológica, política ou filosófica. Deus "manifesta a sua misericórdia antes de mais" a eles.[163] Esta preferência divina tem consequências na vida de fé de todos os cristãos, chamados a possuírem "os mesmos sentimentos que estão em Cristo Jesus" (*Fl* 2, 5). Inspirada por tal preferência, a Igreja fez uma *opção pelos pobres*, entendida como uma "forma especial de primado na prática da caridade cristã, testemunhada por toda a Tradição da Igreja".[164] Como ensinava Bento XVI, esta opção "está implícita na fé cristológica naquele Deus que Se fez pobre por nós, para enriquecer-nos com sua pobreza".[165] Por isso, desejo uma Igreja pobre para os pobres. Estes têm muito para nos ensinar. Além de participar do *sensus fidei*, nas suas próprias dores conhecem Cristo sofredor. É necessário que todos nos deixemos evangelizar por eles.

---

[163] João Paulo II, *Homilia durante a Santa Missa pela evangelização dos povos* (Santo Domingo, 11 de Outubro de 1984), 5: *AAS* 77 (1985) 358.

[164] João Paulo II, Carta enc. *Sollicitudo rei socialis* (30 de Dezembro de 1987), 42: *AAS* 80 (1988), 572.

[165] *Discurso na Sessão inaugural da V Conferência Geral do Episcopado Latino-americano e do Caribe* (13 de Maio de 2007), 3: *AAS* 99 (2007), 450.

A nova evangelização é um convite a reconhecer a força salvífica das suas vidas, e a colocá-los no centro do caminho da Igreja. Somos chamados a descobrir Cristo neles: não só a emprestar-lhes a nossa voz nas suas causas, mas também a ser seus amigos, a escutá-los, a compreendê-los e a acolher a misteriosa sabedoria que Deus nos quer comunicar através deles.

199. O nosso compromisso não consiste exclusivamente em ações ou em programas de promoção e assistência; aquilo que o Espírito põe em movimento não é um excesso de ativismo, mas primariamente uma *atenção* prestada ao outro "considerando-o como um só consigo mesmo".[166] Esta atenção amiga é o início de uma verdadeira preocupação pela sua pessoa e, a partir dela, desejo procurar efetivamente o seu bem. Isto implica apreciar o pobre na sua bondade própria, com o seu modo de ser, com a sua cultura, com a sua forma de viver a fé. O amor autêntico é sempre contemplativo, permitindo-nos servir o outro não por necessidade ou vaidade, mas porque ele é belo, independentemente da sua aparência: "Do amor, pelo qual uma pessoa é agradável a outra, depende que lhe dê algo de graça".[167] Quando amado, o pobre "é estimado como de

---

[166] São Tomás de Aquino, *Summa theologiae* II-II, q. 27, a. 2.

[167] *Ibid.*, I-II, q. 110, a. 1.

alto valor",[168] e isto diferencia a autêntica opção pelos pobres de qualquer ideologia, de qualquer tentativa de utilizar os pobres ao serviço de interesses pessoais ou políticos. Unicamente a partir desta proximidade real e cordial é que podemos acompanhá-los adequadamente no seu caminho de libertação. Só isto tornará possível que "os pobres se sintam, em cada comunidade cristã, como 'em casa'. Não seria, este estilo, a maior e mais eficaz apresentação da boa nova do Reino?"[169] Sem a opção preferencial pelos pobres, "o anúncio do Evangelho – e este anúncio é a primeira caridade – corre o risco de não ser compreendido ou de afogar-se naquele mar de palavras que a atual sociedade da comunicação diariamente nos apresenta".[170]

200. Dado que esta Exortação se dirige aos membros da Igreja Católica, desejo afirmar, com mágoa, que a pior discriminação que sofrem os pobres é a falta de cuidado espiritual. A imensa maioria dos pobres possui uma especial abertura à fé; tem necessidade de Deus e não podemos deixar de lhe oferecer a sua amizade, a sua bênção, a sua Palavra, a celebração dos Sacramentos e a proposta de um caminho de crescimento e amadurecimento na fé. A opção preferencial pelos pobres deve

---

[168] *Ibid.*, I-II, q. 26, a. 3.

[169] João Paulo II, Carta ap. *Novo millennio ineunte* (6 de Janeiro de 2001), 50: *AAS* 93 (2001), 303.

[170] *Ibid.*, 50: *o. c.*, 303.

traduzir-se, principalmente, numa solicitude religiosa privilegiada e prioritária.

201. Ninguém deveria dizer que se mantém longe dos pobres, porque as suas opções de vida implicam prestar mais atenção a outras incumbências. Esta é uma desculpa frequente nos ambientes acadêmicos, empresariais ou profissionais, e até mesmo eclesiais. Embora se possa dizer, em geral, que a vocação e a missão próprias dos fiéis leigos é a transformação das diversas realidades terrenas para que toda a atividade humana seja transformada pelo Evangelho,[171] ninguém pode sentir-se exonerado da preocupação pelos pobres e pela justiça social: "A conversão espiritual, a intensidade do amor a Deus e ao próximo, o zelo pela justiça e pela paz, o sentido evangélico dos pobres e da pobreza são exigidos a todos".[172] Temo que também estas palavras sejam objeto apenas de alguns comentários, sem verdadeira incidência prática. Apesar disso, tenho confiança na abertura e nas boas disposições dos cristãos e peço-vos que procureis, comunitariamente, novos caminhos para acolher esta renovada proposta.

---

[171] Cf. *Propositio* 45.

[172] CONGR. PARA A DOUTRINA DA FÉ, Instr. *Libertatis nuntius* (6 de Agosto de 1984), XI, 18: *AAS* 76 (1984), 908.

Economia e distribuição de renda

202. A necessidade de resolver as causas estruturais da pobreza não pode esperar; e não apenas por uma exigência pragmática de obter resultados e ordenar a sociedade, mas também para a curar de uma mazela que a torna frágil e indigna e que só poderá levá-la a novas crises. Os planos de assistência, que acorrem a determinadas emergências, deveriam considerar-se apenas como respostas provisórias. Enquanto não forem radicalmente solucionados os problemas dos pobres, renunciando à autonomia absoluta dos mercados e da especulação financeira e atacando as causas estruturais da desigualdade social,[173] não se resolverão os problemas do mundo e, em definitivo, problema algum. A desigualdade é a raiz dos males sociais.

203. A dignidade de cada pessoa humana e o bem comum são questões que deveriam estruturar toda a política econômica, mas às vezes parecem somente apêndices adicionados de fora para completar um discurso político sem perspectivas nem programas de verdadeiro desenvolvimento integral. Quantas palavras se tornaram molestas para este sistema! Molesta que se fale de ética, molesta que se fale de solidariedade

---

[173] Isto implica "eliminar as causas *estruturais* das disfunções da economia mundial": Bento XVI, *Discurso ao Corpo Diplomático* (8 de Janeiro de 2007): *AAS* 99 (2007), 73.

mundial, molesta que se fale de distribuição dos bens, molesta que se fale de defender os postos de trabalho, molesta que se fale da dignidade dos fracos, molesta que se fale de um Deus que exige um compromisso em prol da justiça. Outras vezes acontece que estas palavras se tornam objeto de uma manipulação oportunista que as desonra. A cômoda indiferença diante destas questões esvazia a nossa vida e as nossas palavras de todo o significado. A vocação de um empresário é uma nobre tarefa, desde que se deixe interpelar por um sentido mais amplo da vida; isto lhe permite servir verdadeiramente o bem comum com o seu esforço por multiplicar e tornar os bens deste mundo mais acessíveis a todos.

204. Não podemos mais confiar nas forças cegas e na mão invisível do mercado. O crescimento equitativo exige algo mais do que o crescimento econômico, embora o pressuponha; requer decisões, programas, mecanismos e processos especificamente orientados para uma melhor distribuição de renda, para a criação de oportunidades de trabalho, para uma promoção integral dos pobres que supere o mero assistencialismo. Longe de mim propor um populismo irresponsável, mas a economia não pode mais recorrer a remédios que são um novo veneno, como quando se pretende aumentar a rentabilidade reduzindo o mercado de trabalho e criando assim novos excluídos.

205. Peço a Deus que cresça o número de políticos capazes de entrar num autêntico diálogo que vise efetivamente sanar as raízes profundas e não a aparência dos males do nosso mundo. A política, tão denegrida, é uma sublime vocação, é uma das formas mais preciosas da caridade, porque busca o bem comum.[174] Temos de nos convencer de que a caridade "é o princípio não só das microrrelações estabelecidas entre amigos, na família, no pequeno grupo, mas também das macrorrelações como relacionamentos sociais, econômicos, políticos".[175] Rezo ao Senhor para que nos conceda mais políticos, que tenham verdadeiramente a peito a sociedade, o povo, a vida dos pobres. É indispensável que os governantes e o poder financeiro levantem o olhar e alarguem as suas perspectivas, procurando que haja trabalho digno, instrução e cuidados sanitários para todos os cidadãos. E por que não recorrer a Deus pedindo-Lhe que inspire os seus planos? Estou convencido de que, a partir de uma abertura à transcendência, poder-se-ia formar uma nova mentalidade política e econômica que ajudaria a superar a dicotomia absoluta entre a economia e o bem comum social.

---

[174] Cf. Comissão Social dos Bispos de frança, Declaração *Réhabiliter la politique* (17 de Fevereiro de 1999); Pio XI, *Mensagem*, 18 de Dezembro de 1927.

[175] Bento XVI, Carta enc. *Caritas in veritate* (29 de Junho de 2009), 2: *AAS* 101 (2009), 642.

206. A economia – como indica o próprio termo – deveria ser a arte de alcançar uma adequada administração da casa comum, que é o mundo inteiro. Todo o ato econômico de certa envergadura, que se realiza em qualquer parte do planeta, repercute-se no mundo inteiro, pelo que nenhum Governo pode agir à margem de uma responsabilidade comum. Na realidade, torna-se cada vez mais difícil encontrar soluções locais para as enormes contradições globais, pelo que a política local se satura de problemas por resolver. Se realmente queremos alcançar uma economia global saudável, precisamos, neste momento da história, de um modo mais eficiente de interação que, sem prejuízo da soberania das nações, assegure o bem-estar econômico a todos os países e não apenas a alguns.

207. E qualquer comunidade da Igreja, na medida em que pretender subsistir tranquila sem se ocupar criativamente nem cooperar de forma eficaz para que os pobres vivam com dignidade e haja a inclusão de todos, correrá também o risco da sua dissolução, mesmo que fale de temas sociais ou critique os Governos. Facilmente acabará submersa pelo mundanismo espiritual, dissimulado em práticas religiosas, reuniões infecundas ou discursos vazios.

208. Se alguém se sentir ofendido com as minhas palavras, saiba que as exprimo com estima e com a melhor das intenções, longe de qualquer interesse pessoal

ou ideologia política. A minha palavra não é a de um inimigo nem a de um opositor. A mim interessa-me apenas procurar que, quantos vivem escravizados por uma mentalidade individualista, indiferente e egoísta, possam libertar-se dessas cadeias indignas e alcancem um estilo de vida e de pensamento mais humano, mais nobre, mais fecundo, que dignifique a sua passagem por esta terra.

Cuidar da fragilidade

209. Jesus, o evangelizador por excelência e o Evangelho em pessoa, identificou-Se especialmente com os mais pequeninos (cf. *Mt* 25, 40). Isto recorda--nos, a todos os cristãos, que somos chamados a cuidar dos mais frágeis da Terra. Mas, no modelo "do êxito" e "individualista" em vigor, parece que não faz sentido investir para que os lentos, fracos ou menos dotados possam também singrar na vida.

210. Embora aparentemente não nos traga benefícios tangíveis e imediatos, é indispensável prestar atenção e debruçar-nos sobre as novas formas de pobreza e fragilidade, nas quais somos chamados a reconhecer Cristo sofredor: os sem abrigo, os toxicodependentes, os refugiados, os povos indígenas, os idosos cada vez mais sós e abandonados etc. Os migrantes representam um desafio especial para mim, por ser Pastor de uma Igreja sem fronteiras que se sente mãe de todos. Por

isso, exorto os países a uma abertura generosa, que, em vez de temer a destruição da identidade local, seja capaz de criar novas sínteses culturais. Como são belas as cidades que superam a desconfiança doentia e integram os que são diferentes, fazendo desta integração um novo fator de progresso! Como são encantadoras as cidades que, já no seu projeto arquitetônico, estão cheias de espaços que unem, relacionam, favorecem o reconhecimento do outro!

211. Sempre me angustiou a situação das pessoas que são objeto das diferentes formas de tráfico. Quem dera que se ouvisse o grito de Deus, perguntando a todos nós: "Onde está o teu irmão?" (*Gn* 4, 9). Onde está o teu irmão escravo? Onde está o irmão que estás matando cada dia na pequena fábrica clandestina, na rede da prostituição, nas crianças usadas para a mendicidade, naquele que tem de trabalhar às escondidas porque não foi regularizado? Não nos façamos de distraídos! Há muita cumplicidade... A pergunta é para todos! Nas nossas cidades, está instalado este crime mafioso e aberrante, e muitos têm as mãos cheias de sangue devido a uma cômoda e muda cumplicidade.

212. Duplamente pobres são as mulheres que padecem situações de exclusão, maus-tratos e violência, porque frequentemente têm menores possibilidades de defender os seus direitos. E todavia, também entre elas, encontramos continuamente os mais admiráveis

gestos de heroísmo cotidiano na defesa e cuidado da fragilidade das suas famílias.

213. Entre estes seres frágeis, de que a Igreja quer cuidar com predileção, estão também os nascituros, os mais inermes e inocentes de todos, a quem hoje se quer negar a dignidade humana para poder fazer deles o que apetece, tirando-lhes a vida e promovendo legislações para que ninguém o possa impedir. Muitas vezes, para ridicularizar jocosamente a defesa que a Igreja faz da vida dos nascituros, procura-se apresentar a sua posição como ideológica, obscurantista e conservadora; e no entanto esta defesa da vida nascente está intimamente ligada à defesa de qualquer direito humano. Supõe a convicção de que um ser humano é sempre sagrado e inviolável, em qualquer situação e em cada etapa do seu desenvolvimento. É fim em si mesmo, e nunca um meio para resolver outras dificuldades. Se cai esta convicção, não restam fundamentos sólidos e permanentes para a defesa dos direitos humanos, que ficariam sempre sujeitos às conveniências contingentes dos poderosos de turno. Por si só a razão é suficiente para se reconhecer o valor inviolável de qualquer vida humana, mas, se a olhamos também a partir da fé, "toda a violação da dignidade pessoal do ser humano clama por vingança junto de Deus e torna-se ofensa ao Criador do homem".[176]

---

[176] João Paulo II, Exort. ap. pós-sinodal *Christifideles laici* (30 de Dezembro de 1988), 37: *AAS* 81 (1989), 461.

214. E precisamente porque é uma questão que mexe com a coerência interna da nossa mensagem sobre o valor da pessoa humana, não se deve esperar que a Igreja altere a sua posição sobre esta questão. A propósito, quero ser completamente honesto. Este não é um assunto sujeito a supostas reformas ou "modernizações". Não é opção progressista pretender resolver os problemas, eliminando uma vida humana. Mas é verdade também que temos feito pouco para acompanhar adequadamente as mulheres que estão em situações muito duras, nas quais o aborto lhes aparece como uma solução rápida para as suas profundas angústias, particularmente quando a vida que cresce nelas surgiu como resultado de uma violência ou num contexto de extrema pobreza. Quem pode deixar de compreender estas situações de tamanho sofrimento?

215. Há outros seres frágeis e indefesos, que muitas vezes ficam à mercê dos interesses econômicos ou de um uso indiscriminado. Refiro-me ao conjunto da criação. Nós, os seres humanos, não somos meramente beneficiários, mas guardiões das outras criaturas. Pela nossa realidade corpórea, Deus uniu-nos tão estreitamente ao mundo que nos rodeia, que a desertificação do solo é como uma doença para cada um, e podemos lamentar a extinção de uma espécie como se fosse uma mutilação. Não deixemos que, à nossa passagem, fiquem sinais de destruição e de morte que afetem a

nossa vida e a das gerações futuras.[177] Neste sentido, faço meu o expressivo e profético lamento que, já há vários anos, formularam os Bispos das Filipinas: "Uma incrível variedade de insetos vivia no bosque; e estavam ocupados com todo o tipo de tarefas. [...] Os pássaros voavam pelo ar, as suas penas brilhantes e os seus variados gorjeios acrescentavam cor e melodia ao verde dos bosques. [...] Deus quis que esta terra fosse para nós, suas criaturas especiais, mas não para a podermos destruir ou transformar num baldio. [...] Depois de uma única noite de chuva, observa os rios de castanho-chocolate da tua localidade e lembra-te que estão a arrastar o sangue vivo da terra para o mar. [...] Como poderão os peixes nadar em esgotos como o rio Pasig e muitos outros rios que poluímos? Quem transformou o maravilhoso mundo marinho em cemitérios subaquáticos despojados de vida e de cor?"[178]

216. Pequenos mas fortes no amor de Deus, como São Francisco de Assis, todos nós, cristãos, somos chamados a cuidar da fragilidade do povo e do mundo em que vivemos.

---

[177] Cf. *Propositio* 56.

[178] CONFERÊNCIA DOS BISPOS CATÓLICOS DAS FILIPINAS, Carta past. *What is Happening to our Beautiful Land?* (29 de Janeiro de 1988).

3. O bem comum e a paz social

217. Falamos muito sobre a alegria e o amor, mas a Palavra de Deus menciona também o fruto da paz (cf. *Gl* 5, 22).

218. A paz social não pode ser entendida como irenismo ou como mera ausência de violência obtida pela imposição de uma parte sobre as outras. Também seria uma paz falsa aquela que servisse como desculpa para justificar uma organização social que silencie ou tranquilize os mais pobres, de modo que aqueles que gozam dos maiores benefícios possam manter o seu estilo de vida sem sobressaltos, enquanto os outros sobrevivem como podem. As reivindicações sociais, que têm a ver com a distribuição de renda, a inclusão social dos pobres e os direitos humanos não podem ser sufocados com o pretexto de construir um consenso de escritório ou uma paz efêmera para uma minoria feliz. A dignidade da pessoa humana e o bem comum estão por cima da tranquilidade de alguns que não querem renunciar aos seus privilégios. Quando estes valores são afetados, é necessária uma voz profética.

219. E a paz também "não se reduz a uma ausência de guerra, fruto do equilíbrio sempre precário das forças. Constrói-se, dia a dia, na busca de uma ordem querida por Deus, que traz consigo uma justiça mais

perfeita entre os homens".[179] Enfim, uma paz que não surja como fruto do desenvolvimento integral de todos não terá futuro e será sempre semente de novos conflitos e variadas formas de violência.

220. Em cada nação, os habitantes desenvolvem a dimensão social da sua vida, configurando-se como cidadãos responsáveis dentro de um povo e não como massa arrastada pelas forças dominantes. Lembremo-nos que "ser cidadão fiel é uma virtude, e a participação na vida política é uma obrigação moral".[180] Mas, tornar-se um *povo* é algo mais, exigindo um processo constante no qual cada nova geração está envolvida. É um trabalho lento e árduo que exige querer integrar-se e aprender a fazê-lo até se desenvolver uma cultura do encontro numa harmonia pluriforme.

221. Para avançar nesta construção de um povo em paz, justiça e fraternidade, há quatro princípios relacionados com tensões bipolares próprias de toda a realidade social. Derivam dos grandes postulados da Doutrina Social da Igreja, que constituem o "primeiro e fundamental parâmetro de referência para a interpretação e o exame dos fenômenos sociais".[181] À

---

[179] Paulo VI, Carta enc. *Populorum progressio* (26 de Março de 1967), 76: *AAS* 59 (1967), 294-295.

[180] Conferência dos Bispos Católicos dos Estados Unidos, Carta past. *Forming Consciences for Faithful Citizenship* (2007), 13.

[181] Pont. Conselho "Justiça e Paz", *Compêndio da Doutrina Social da Igreja*, 161.

luz deles, desejo agora propor estes quatro princípios que orientam especificamente o desenvolvimento da convivência social e a construção de um povo onde as diferenças se harmonizam dentro de um projeto comum. Faço-o na convicção de que a sua aplicação pode ser um verdadeiro caminho para a paz dentro de cada nação e no mundo inteiro.

O tempo é superior ao espaço

222. Existe uma tensão bipolar entre a plenitude e o limite. A plenitude gera a vontade de possuir tudo, e o limite é o muro que nos aparece pela frente. O "tempo", considerado em sentido amplo, faz referimento à plenitude como expressão do horizonte que se abre diante de nós, e o momento é expressão do limite que se vive num espaço circunscrito. Os cidadãos vivem em tensão entre a conjuntura do momento e a luz do tempo, do horizonte maior, da utopia que nos abre ao futuro como causa final que atrai. Daqui surge um primeiro princípio para progredir na construção de um povo: o tempo é superior ao espaço.

223. Este princípio permite trabalhar a longo prazo, sem a obsessão pelos resultados imediatos. Ajuda a suportar, com paciência, situações difíceis e hostis ou as mudanças de planos que o dinamismo da realidade impõe. É um convite a assumir a tensão entre plenitude e limite, dando prioridade ao tempo. Um dos

pecados que, às vezes, se nota na atividade sociopolítica é privilegiar os espaços de poder em vez dos tempos dos processos. Dar prioridade ao espaço leva-nos a proceder como loucos para resolver tudo no momento presente, para tentar tomar posse de todos os espaços de poder e autoafirmação. É cristalizar os processos e pretender pará-los. Dar prioridade ao tempo é ocupar-se *mais* com *iniciar processos do que possuir espaços.* O tempo ordena os espaços, ilumina-os e transforma-os em elos de uma cadeia em constante crescimento, sem retorno. Trata-se de privilegiar as ações que geram novos dinamismos na sociedade e comprometem outras pessoas e grupos que os desenvolverão até frutificar em acontecimentos históricos importantes. Sem ansiedade, mas com convicções claras e tenazes.

224. Às vezes interrogo-me sobre quais são as pessoas que, no mundo atual, se preocupam realmente mais com gerar processos que construam um povo do que com obter resultados imediatos que produzam ganhos políticos fáceis, rápidos e efêmeros, mas que não constroem a plenitude humana. A história julgá-los-á talvez com aquele critério enunciado por Romano Guardini: "O único padrão para avaliar justamente uma época é perguntar-se até que ponto, nela, se desenvolve e alcança uma autêntica razão de ser *a plenitude da*

existência humana, de acordo com o caráter peculiar e as *possibilidades* da dita época".[182]

225. Este critério é muito apropriado também para a evangelização, que exige ter presente o horizonte, adotar os processos possíveis e a estrada longa. O próprio Senhor, na sua vida mortal, deu a entender várias vezes aos seus discípulos que havia coisas que ainda não podiam compreender e era necessário esperar o Espírito Santo (cf. *Jo* 16, 12-13). A parábola do trigo e do joio (cf. *Mt* 13, 24-30) descreve um aspecto importante de evangelização que consiste em mostrar como o inimigo pode ocupar o espaço do Reino e causar dano com o joio, mas é vencido pela bondade do trigo que se manifesta com o tempo.

A unidade prevalece sobre o conflito

226. O conflito não pode ser ignorado ou dissimulado; deve ser aceito. Mas, se ficamos encurralados nele, perdemos a perspectiva, os horizontes reduzem-se e a própria realidade fica fragmentada. Quando paramos na conjuntura conflitual, perdemos o sentido da unidade profunda da realidade.

227. Perante o conflito, alguns se limitam a olhá-lo e passam adiante como se nada fosse, lavam-se as mãos para poder continuar com a sua vida. Outros

---

[182] *Das Ende der Neuzeit* (Würzburg 19655) 41-42.

entram de tal maneira no conflito que ficam prisioneiros, perdem o horizonte, projetam nas instituições as suas próprias confusões e insatisfações e, assim, a unidade torna-se impossível. Mas há uma terceira forma, a mais adequada, de enfrentar o conflito: é aceitar suportar o conflito, resolvê-lo e transformá-lo no elo de um novo processo. "Felizes os pacificadores" (*Mt* 5, 9)!

228. Deste modo, torna-se possível desenvolver uma comunhão nas diferenças, que pode ser facilitada só por pessoas magnânimas que têm a coragem de ultrapassar a superfície conflitual e consideram os outros na sua dignidade mais profunda. Por isso, é necessário postular um princípio que é indispensável para construir a amizade social: a unidade é superior ao conflito. A solidariedade, entendida no seu sentido mais profundo e desafiador, torna-se assim um estilo de construção da história, um âmbito vital onde os conflitos, as tensões e os opostos podem alcançar uma unidade multifacetada que gera nova vida. Não é apostar no sincretismo ou na absorção de um no outro, mas na resolução num plano superior que conserva em si as preciosas potencialidades das polaridades em contraste.

229. Este critério evangélico recorda-nos que Cristo tudo unificou em Si: céu e terra, Deus e homem, tempo e eternidade, carne e espírito, pessoa e sociedade. O sinal distintivo desta unidade e reconciliação de tudo n'Ele é a paz. Cristo "é a nossa paz" (*Ef* 2, 14). O

anúncio do Evangelho começa sempre com a saudação de paz; e a paz coroa e cimenta em cada momento as relações entre os discípulos. A paz é possível, porque o Senhor venceu o mundo e sua permanente conflitualidade, "pacificando pelo sangue da sua cruz" (*Cl* 1, 20). Entretanto, se examinarmos a fundo estes textos bíblicos, descobriremos que o primeiro âmbito onde somos chamados a conquistar esta pacificação nas diferenças é a própria interioridade, a própria vida sempre ameaçada pela dispersão dialética.[183] Com corações despedaçados em milhares de fragmentos, será difícil construir uma verdadeira paz social.

230. O anúncio de paz não é a proclamação de uma paz negociada, mas a convicção de que a unidade do Espírito harmoniza todas as diversidades. Supera qualquer conflito numa nova e promissora síntese. A diversidade é bela, quando aceita entrar constantemente num processo de reconciliação até selar uma espécie de pacto cultural que faça surgir uma "diversidade reconciliada", como justamente ensinaram os Bispos da República Democrática do Congo: "A diversidade das nossas etnias é uma riqueza. [...] Só com a unidade, a conversão dos corações e a reconciliação é que poderemos fazer avançar o nosso país".[184]

---

[183] Cf. ISMAEL QUILES, S.I., *Filosofía de la educación personalista* (Buenos Aires 1981), 46-53.

[184] CONFERÊNCIA EPISCOPAL [DA REPÚBLICA DEMOCRÁTICA] DO CONGO, *Message sur la situation sécuritaire dans le pays* (5 de Dezembro de 2012), 11.

A realidade é mais importante do que a ideia

231. Existe também uma tensão bipolar entre a ideia e a realidade: a realidade simplesmente é, a ideia elabora-se. Entre as duas, deve estabelecer-se um diálogo constante, evitando que a ideia acabe por separar-se da realidade. É perigoso viver no reino só da palavra, da imagem, do sofisma. Por isso, há que postular um terceiro princípio: a realidade é superior à ideia. Isto supõe evitar várias formas de ocultar a realidade: os purismos angélicos, os totalitarismos do relativo, os nominalismos declaracionistas, os projetos mais formais que reais, os fundamentalismos anti-históricos, os eticismos sem bondade, os intelectualismos sem sabedoria.

232. A ideia – as elaborações conceituais – está ao serviço da captação, compreensão e condução da realidade. A ideia desligada da realidade dá origem a idealismos e nominalismos ineficazes que, no máximo, classificam ou definem, mas não empenham. O que empenha é a realidade iluminada pelo raciocínio. É preciso passar do nominalismo formal à objetividade harmoniosa. Caso contrário, manipula-se a verdade, do mesmo modo que se substitui a ginástica pela cosmética.[185] Há políticos – e também líderes religiosos – que se interrogam por que motivo o povo não os compreende

---

[185] Cf. PLATÃO, *Gorgias*, 465.

nem segue, se as suas propostas são tão lógicas e claras. Possivelmente é porque se instalaram no reino das puras ideias e reduziram a política ou a fé à retórica; outros esqueceram a simplicidade e importaram de fora uma racionalidade alheia à gente.

233. A realidade é superior à ideia. Este critério está ligado à encarnação da Palavra e ao seu cumprimento: "Reconheceis que o espírito é de Deus por isto: todo o espírito que confessa Jesus Cristo que veio em carne mortal é de Deus" (*1 Jo* 4, 2). O critério da realidade, de uma Palavra já encarnada e sempre procurando encarnar-se, é essencial à evangelização. Por um lado, leva-nos a valorizar a história da Igreja como história de salvação, a recordar os nossos Santos que inculturaram o Evangelho na vida dos nossos povos, a recolher a rica tradição bimilenária da Igreja, sem pretender elaborar um pensamento desligado deste tesouro como se quiséssemos inventar o Evangelho. Por outro lado, este critério impele-nos a pôr em prática a Palavra, a realizar obras de justiça e caridade nas quais se torne fecunda esta Palavra. Não pôr em prática, não levar à realidade a Palavra é construir sobre a areia, permanecer na pura ideia e degenerar em intimismos e gnosticismos que não dão fruto, que esterilizam o seu dinamismo.

O todo é superior à parte

234. Entre a globalização e a localização também se gera uma tensão. É preciso prestar atenção à dimensão global para não cair numa mesquinha cotidianidade. Ao mesmo tempo convém não perder de vista o que é local, que nos faz caminhar com os pés por terra. As duas coisas unidas impedem de cair em algum destes dois extremos: o primeiro, que os cidadãos vivam num universalismo abstrato e globalizante, miméticos passageiros do carro de apoio, admirando os fogos de artifício do mundo, que é de outros, com a boca aberta e aplausos programados; o outro extremo é que se transformem num museu folclórico de eremitas localistas, condenados a repetir sempre as mesmas coisas, incapazes de se deixar interpelar pelo que é diverso e de apreciar a beleza que Deus espalha fora das suas fronteiras.

235. O todo é mais do que a parte, sendo também mais do que a simples soma delas. Portanto, não se deve viver demasiado obcecados por questões limitadas e particulares. É preciso alargar sempre o olhar para reconhecer um bem maior que trará benefícios a todos nós. Mas há que o fazer sem se evadir nem se desenraizar. É necessário mergulhar as raízes na terra fértil e na história do próprio lugar, que é um dom de Deus. Trabalha-se no pequeno, no que está próximo, mas com uma perspectiva mais ampla. Da mesma forma, uma pessoa que conserva a sua peculiaridade

pessoal e não esconde a sua identidade, quando se integra cordialmente numa comunidade não se aniquila, mas recebe sempre novos estímulos para o seu próprio desenvolvimento. Não é a esfera global que aniquila, nem a parte isolada que esteriliza.

236. Aqui o modelo não é a esfera, pois não é superior às partes e, nela, cada ponto é equidistante do centro, não havendo diferenças entre um ponto e o outro. O modelo é o poliedro, que reflete a confluência de todas as partes que nele mantêm a sua originalidade. Tanto a ação pastoral como a ação política procuram reunir nesse poliedro o melhor de cada um. Ali entram os pobres com a sua cultura, os seus projetos e as suas próprias potencialidades. Até mesmo as pessoas que possam ser criticadas pelos seus erros têm algo a oferecer que não se deve perder. É a união dos povos, que, na ordem universal, conservam a sua própria peculiaridade; é a totalidade das pessoas numa sociedade que procura um bem comum que verdadeiramente incorpore a todos.

237. A nós, cristãos, este princípio fala-nos também da totalidade ou integridade do Evangelho que a Igreja nos transmite e envia a pregar. A sua riqueza plena incorpora acadêmicos e operários, empresários e artistas, incorpora todos. A "mística popular" acolhe, a seu modo, o Evangelho inteiro e encarna-o em expressões de oração, de fraternidade, de justiça, de luta e de

festa. A Boa-Nova é a alegria de um Pai que não quer que se perca nenhum dos seus pequeninos. Assim nasce a alegria no Bom Pastor que encontra a ovelha perdida e a reintegra no seu rebanho. O Evangelho é fermento que leveda toda a massa e cidade que brilha no cimo do monte, iluminando todos os povos. O Evangelho possui um critério de totalidade que lhe é intrínseco: não cessa de ser Boa-Nova enquanto não for anunciado a todos, enquanto não fecundar e curar todas as dimensões do homem, enquanto não unir todos os homens à volta da mesa do Reino. O todo é superior à parte.

4. O diálogo social como contribuição para a paz

238. A evangelização implica também um caminho de diálogo. Neste momento, existem sobretudo três campos de diálogo onde a Igreja deve estar presente, cumprindo um serviço a favor do pleno desenvolvimento do ser humano e procurando o bem comum: o diálogo com os Estados, com a sociedade – que inclui o diálogo com as culturas e as ciências – e com os outros crentes que não fazem parte da Igreja Católica. Em todos os casos, "a Igreja fala a partir da luz que a fé lhe dá",[186] oferece a sua experiência de dois mil anos e conserva

---

[186] Bento XVI, *Discurso à Cúria Romana* (21 de Dezembro de 2012): *AAS* 105 (2013), 51.

sempre na memória as vidas e sofrimentos dos seres humanos. Isto ultrapassa a razão humana, mas também tem um significado que pode enriquecer a quantos não creem e convida a razão a alargar as suas perspectivas.

239. A Igreja proclama o "evangelho da paz" (*Ef* 6, 15) e está aberta à colaboração com todas as autoridades nacionais e internacionais para cuidar deste bem universal tão grande. Ao anunciar Jesus Cristo, que é a paz em pessoa (cf. *Ef* 2, 14), a nova evangelização incentiva todo o batizado a ser instrumento de pacificação e testemunha credível de uma vida reconciliada.[187] É hora de saber como projetar, numa cultura que privilegie o diálogo como forma de encontro, a busca de consenso e de acordos, mas sem separá-la da preocupação por uma sociedade justa, capaz de memória e sem exclusões. O autor principal, o sujeito histórico deste processo, é a gente e a sua cultura, não uma classe, uma fração, um grupo, uma elite. Não precisamos de um projeto de poucos para poucos, ou de uma minoria esclarecida ou testemunhal que se aproprie de um sentimento coletivo. Trata-se de um acordo para viver juntos, de um pacto social e cultural.

240. O cuidado e a promoção do bem comum da sociedade compete ao Estado.[188] Este, com base nos

---

[187] Cf. *Propositio* 14.

[188] Cf. *Catecismo da Igreja Católica*, 1910; PONT. CONSELHO "JUSTIÇA E PAZ", *Compêndio de Doutrina Social da Igreja*, 168.

princípios de subsidiariedade e solidariedade e com um grande esforço de diálogo político e criação de consensos, desempenha um papel fundamental – que não pode ser delegado – na busca do desenvolvimento integral de todos. Este papel exige, nas circunstâncias atuais, uma profunda humildade social.

241. No diálogo com o Estado e com a sociedade, a Igreja não tem soluções para todas as questões específicas. Mas, juntamente com as várias forças sociais, acompanha as propostas que melhor correspondam à dignidade da pessoa humana e ao bem comum. Ao fazê--lo, propõe sempre com clareza os valores fundamentais da existência humana, para transmitir convicções que possam depois traduzir-se em ações políticas.

O diálogo entre a fé, a razão e as ciências

242. O diálogo entre ciência e fé também faz parte da ação evangelizadora que favorece a paz.[189] O cientificismo e o positivismo recusam-se a "admitir, como válidas, formas de conhecimento distintas daquelas que são próprias das ciências positivas".[190] A Igreja propõe outro caminho, que exige uma síntese entre um uso responsável das metodologias próprias das ciências empíricas e os outros saberes como a filosofia,

---

[189] Cf. *Propositio* 54.

[190] João Paulo II, Carta enc. *Fides et ratio* (14 de Setembro de 1998), 88: *AAS* 91 (1999), 74.

a teologia, e a própria fé que eleva o ser humano até ao mistério que transcende a natureza e a inteligência humana. A fé não tem medo da razão; pelo contrário, procura-a e tem confiança nela, porque "a luz da razão e a luz da fé provêm ambas de Deus",[191] e não se podem contradizer entre si. A evangelização está atenta aos progressos científicos para iluminá-los com a luz da fé e da lei natural, tendo em vista procurar que sempre respeitem a centralidade e o valor supremo da pessoa humana em todas as fases da sua existência. Toda a sociedade pode ser enriquecida através deste diálogo que abre novos horizontes ao pensamento e amplia as possibilidades da razão. Também este é um caminho de harmonia e pacificação.

243. A Igreja não pretende deter o progresso admirável das ciências. Pelo contrário, alegra-se e inclusivamente desfruta reconhecendo o enorme potencial que Deus deu à mente humana. Quando o progresso das ciências, mantendo-se com rigor acadêmico no campo do seu objeto específico, torna evidente uma determinada conclusão que a razão não pode negar, a fé não a contradiz. Nem os crentes podem pretender que uma opinião científica que lhes agrada – e que nem sequer foi suficientemente comprovada – adquira o peso de um dogma de fé. Em certas ocasiões, porém,

---

[191] São Tomás de Aquino, *Summa contra gentiles*, I, 7; cf. João Paulo II, Carta enc. *Fides et ratio* (14 de Setembro de 1998), 43: *AAS* 91 (1999), 39.

alguns cientistas vão mais além do objeto formal da sua disciplina e exageram com afirmações ou conclusões que extravasam o campo da própria ciência. Neste caso, não é a razão que se propõe, mas uma determinada ideologia que fecha o caminho a um diálogo autêntico, pacífico e frutuoso.

O diálogo ecumênico

244. O compromisso ecumênico corresponde à oração do Senhor Jesus pedindo "que todos sejam um" (*Jo* 17, 21). A credibilidade do anúncio cristão seria muito maior, se os cristãos superassem as suas divisões e a Igreja realizasse "a plenitude da catolicidade que lhe é própria naqueles filhos que, embora incorporados pelo Batismo, estão separados da sua plena comunhão".[192] Devemos sempre lembrar-nos de que somos peregrinos, e peregrinamos juntos. Para isso, devemos abrir o coração ao companheiro de estrada sem medos nem desconfianças, e olhar primariamente para o que procuramos: a paz no rosto do único Deus. O abrir-se ao outro tem algo de artesanal, a paz é artesanal. Jesus disse-nos: "Felizes os pacificadores" (*Mt* 5, 9). Neste esforço, mesmo entre nós, cumpre-se a antiga profecia: "Transformarão as suas espadas em relhas de arado" (*Is* 2, 4).

---

[192] Conc. Ecum. Vat. II, Decr. sobre o ecumenismo *Unitatis redintegratio*, 4.

245. Sob esta luz, o ecumenismo é uma contribuição para a unidade da família humana. A presença no Sínodo do Patriarca de Constantinopla, Sua Santidade Bartolomeu I, e do Arcebispo de Cantuária, Sua Graça Rowan Douglas Williams,[193] foi um verdadeiro dom de Deus e um precioso testemunho cristão.

246. Dada a gravidade do contratestemunho da divisão entre cristãos, sobretudo na Ásia e na África, torna-se urgente a busca de caminhos de unidade. Os missionários, nesses continentes, referem repetidamente as críticas, queixas e sarcasmos que recebem por causa do escândalo dos cristãos divididos. Se nos concentrarmos nas convicções que nos unem e recordarmos o princípio da hierarquia das verdades, poderemos caminhar decididamente para formas comuns de anúncio, de serviço e de testemunho. A imensa multidão que não recebeu o anúncio de Jesus Cristo não pode deixar-nos indiferentes. Por isso, o esforço por uma unidade que facilite a recepção de Jesus Cristo deixa de ser mera diplomacia ou um dever forçado para se transformar num caminho imprescindível da evangelização. Os sinais de divisão entre cristãos, em países que já estão dilacerados pela violência, juntam outros motivos de conflito vindos da parte de quem deveria ser um ativo fermento de paz. São tantas e tão valiosas as coisas que

---

[193] Cf. *Propositio* 52.

nos unem! E, se realmente acreditamos na ação livre e generosa do Espírito, quantas coisas podemos aprender uns dos outros! Não se trata apenas de receber informações sobre os outros para os conhecermos melhor, mas de recolher o que o Espírito semeou neles como um dom também para nós. Só para dar um exemplo, no diálogo com os irmãos ortodoxos, nós, os católicos, temos a possibilidade de aprender algo mais sobre o significado da colegialidade episcopal e sobre a sua experiência da sinodalidade. Através de um intercâmbio de dons, o Espírito pode conduzir-nos cada vez mais para a verdade e o bem.

As relações com o Judaísmo

247. Um olhar muito especial é dirigido ao povo judeu, cuja Aliança com Deus nunca foi revogada, porque "os dons e o chamamento de Deus são irrevogáveis" (*Rm* 11, 29). A Igreja, que partilha com o Judaísmo uma parte importante das Escrituras Sagradas, considera o povo da Aliança e a sua fé como uma raiz sagrada da própria identidade cristã (cf. *Rm* 11, 16-18). Como cristãos, não podemos considerar o Judaísmo como uma religião alheia, nem incluímos os judeus entre quantos são chamados a deixar os ídolos para se converter ao verdadeiro Deus (cf. *1 Ts* 1, 9). Juntamente com eles, acreditamos no único Deus que atua na história, e acolhemos, com eles, a Palavra revelada comum.

248. O diálogo e a amizade com os filhos de Israel fazem parte da vida dos discípulos de Jesus. O afeto que se desenvolveu leva-nos a lamentar, sincera e amargamente, as terríveis perseguições de que foram e são objeto, particularmente aquelas que envolvem ou envolveram cristãos.

249. Deus continua a operar no povo da Primeira Aliança e faz nascer tesouros de sabedoria que brotam do seu encontro com a Palavra divina. Por isso, a Igreja também se enriquece quando recolhe os valores do Judaísmo. Embora algumas convicções cristãs sejam inaceitáveis para o Judaísmo e a Igreja não possa deixar de anunciar Jesus como Senhor e Messias, há uma rica complementaridade que nos permite ler juntos os textos da Bíblia hebraica e ajudar-nos mutuamente a desentranhar as riquezas da Palavra, bem como compartilhar muitas convicções éticas e a preocupação comum pela justiça e o desenvolvimento dos povos.

O diálogo inter-religioso

250. Uma atitude de abertura na verdade e no amor deve caracterizar o diálogo com os crentes das religiões não cristãs, apesar dos vários obstáculos e dificuldades, de modo particular os fundamentalismos de ambos os lados. Este diálogo inter-religioso é uma condição necessária para a paz no mundo e, por conseguinte, é um dever para os cristãos e também para outras

comunidades religiosas. Este diálogo é, em primeiro lugar, uma conversa sobre a vida humana ou simplesmente – como propõem os Bispos da Índia – "estar aberto a eles, compartilhando as suas alegrias e penas".[194] Assim aprendemos a aceitar os outros, na sua maneira diferente de ser, de pensar e de se exprimir. Com este método, poderemos assumir juntos o dever de servir a justiça e a paz, que deverá tornar-se um critério básico de todo o intercâmbio. Um diálogo, no qual se procurem a paz e a justiça social, é em si mesmo, para além do aspecto meramente pragmático, um compromisso ético que cria novas condições sociais. Os esforços à volta de um tema específico podem transformar-se num processo em que, através da escuta do outro, ambas as partes encontram purificação e enriquecimento. Portanto, estes esforços também podem ter o significado de amor à verdade.

251. Neste diálogo, sempre amável e cordial, nunca se deve descuidar o vínculo essencial entre diálogo e anúncio, que leva a Igreja a manter e intensificar as relações com os não cristãos.[195] Um sincretismo conciliador seria, no fundo, um totalitarismo de quantos pretendem conciliar prescindindo de valores que os transcendem e dos quais não são donos. A verdadeira abertura implica conservar-se firme nas próprias con-

---

[194] CONFERÊNCIA DOS BISPOS DA ÍNDIA, Decl. final da XXX Assembleia: *The Role of the Church for a Better India* (8 de Março de 2012), 8.9.

[195] Cf. *Propositio* 53.

vicções mais profundas, com uma identidade clara e feliz, mas "disponível para compreender as do outro" e "sabendo que o diálogo pode enriquecer a ambos".[196] Não nos serve uma abertura diplomática que diga sim a tudo para evitar problemas, porque seria um modo de enganar o outro e negar-lhe o bem que se recebeu como um dom para partilhar com generosidade. Longe de se contraporem, a evangelização e o diálogo inter-religioso apoiam-se e alimentam-se reciprocamente.[197]

252. Neste tempo, adquire grande importância a relação com os crentes do Islã, hoje particularmente presentes em muitos países de tradição cristã, onde podem celebrar livremente o seu culto e viver integrados na sociedade. Não se deve jamais esquecer que eles "professam seguir a fé de Abraão, e conosco adoram o Deus único e misericordioso, que há de julgar os homens no último dia".[198] Os escritos sagrados do Islã conservam parte dos ensinamentos cristãos; Jesus Cristo e Maria são objeto de profunda veneração e é admirável ver como jovens e idosos, mulheres e homens do Islã são capazes de dedicar diariamente tempo à

---

[196] *João Paulo II*, Carta enc. *Redemptoris missio* (7 de Dezembro de 1990), 56: *AAS* 83 (1991), 304.

[197] Cf. Bento XVI, *Discurso à Cúria Romana* (21 de Dezembro de 2012): *AAS* 105 (2013), 51; Conc. Ecum. Vat. II, Decr. sobre a atividade missionária da Igreja *Ad gentes*, 9; *Catecismo da Igreja Católica*, 856.

[198] Conc. Ecum. Vat. II, Const. dogm. sobre a Igreja *Lumen gentium*, 16.

oração e participar fielmente nos seus ritos religiosos. Ao mesmo tempo, muitos deles têm uma profunda convicção de que a própria vida, na sua totalidade, é de Deus e para Deus. Reconhecem também a necessidade de Lhe responder com um compromisso ético e com a misericórdia para com os mais pobres.

253. Para sustentar o diálogo com o Islã é indispensável a adequada formação dos interlocutores, não só para que estejam sólida e jubilosamente radicados na sua identidade, mas também para que sejam capazes de reconhecer os valores dos outros, compreender as preocupações que subjazem às suas reivindicações e fazer aparecer as convicções comuns. Nós, cristãos, deveríamos acolher com afeto e respeito os imigrantes do Islã que chegam aos nossos países, tal como esperamos e pedimos para ser acolhidos e respeitados nos países de tradição islâmica. Rogo, imploro humildemente a esses países que assegurem liberdade aos cristãos para poderem celebrar o seu culto e viver a sua fé, tendo em conta a liberdade que os crentes do Islã gozam nos países ocidentais. Ante episódios de fundamentalismo violento que nos preocupam, o afeto pelos verdadeiros crentes do Islã deve levar-nos a evitar odiosas generalizações, porque o verdadeiro Islã e uma interpretação adequada do Alcorão opõem-se a toda a violência.

254. Os não cristãos fiéis à sua consciência podem, por gratuita iniciativa divina, viver "justificados

por meio da graça de Deus"[199] e, assim, "associados ao mistério pascal de Jesus Cristo".[200] Devido, porém, à dimensão sacramental da graça santificante, a ação divina neles tende a produzir sinais, ritos, expressões sagradas que, por sua vez, envolvem outros numa experiência comunitária do caminho para Deus.[201] Não têm o significado e a eficácia dos Sacramentos instituídos por Cristo, mas podem ser canais que o próprio Espírito suscita para libertar os não cristãos do imanentismo ateu ou de experiências religiosas meramente individuais. O mesmo Espírito suscita por toda a parte diferentes formas de sabedoria prática que ajudam a suportar as carências da vida e a viver com mais paz e harmonia. Nós, cristãos, podemos tirar proveito também desta riqueza consolidada ao longo dos séculos, que nos pode ajudar a viver melhor as nossas próprias convicções.

O diálogo social num contexto de liberdade religiosa

255. Os Padres sinodais lembraram a importância do respeito pela liberdade religiosa, considerada um direito humano fundamental.[202] Inclui "a liberdade

---

[199] COMISSÃO TEOLÓGICA INTERNACIONAL, *O cristianismo e as religiões* (1996), 7: *Enchiridion Vaticanum* 15, n.º 1061.

[200] *Ibid.*, 7: *o. c.*, 1061.

[201] Cf. *ibid.*, 81-87: *o. c.*, 1070-1076.

[202] Cf. *Propositio* 16.

de escolher a religião que se crê ser verdadeira e de manifestar publicamente a própria crença".[203] Um pluralismo são, que respeite verdadeiramente aqueles que pensam diferente e os valorizem como tais, não implica uma privatização das religiões, com a pretensão de as reduzir ao silêncio e à obscuridade da consciência de cada um ou à sua marginalização no recinto fechado das igrejas, sinagogas ou mesquitas. Tratar-se-ia, em definitivo, de uma nova forma de discriminação e autoritarismo. O respeito devido às minorias de agnósticos ou de não crentes não se deve impor de maneira arbitrária que silencie as convicções de maiorias crentes ou ignore a riqueza das tradições religiosas. No fundo, isso fomentaria mais o ressentimento do que a tolerância e a paz.

256. Ao questionar-se sobre a incidência pública da religião, é preciso distinguir diferentes modos de vivê-la. Tanto os intelectuais como os jornalistas caem, frequentemente, em generalizações grosseiras e pouco acadêmicas, quando falam dos defeitos das religiões e, muitas vezes, não são capazes de distinguir que nem todos os crentes – nem todos os líderes religiosos – são iguais. Alguns políticos aproveitam esta confusão para justificar ações discriminatórias. Outras vezes, desprezam-se os escritos que surgiram no âmbito de uma

---

[203] BENTO XVI, Exort. ap. pós-sinodal *Ecclesia in Medio Oriente* (14 de Setembro de 2012), 26: *AAS* 104 (2012), 762.

convicção crente, esquecendo que os textos religiosos clássicos podem oferecer um significado para todas as épocas, possuem uma força motivadora que abre sempre novos horizontes, estimula o pensamento, engrandece a mente e a sensibilidade. São desprezados pela miopia dos racionalismos. Será razoável e inteligente relegá-los para a obscuridade, só porque nasceram no contexto de uma crença religiosa? Contêm princípios profundamente humanistas que possuem um valor racional, apesar de estarem permeados de símbolos e doutrinas religiosos.

257. Como crentes, sentimo-nos próximos também de todos aqueles que, não se reconhecendo parte de qualquer tradição religiosa, buscam sinceramente a verdade, a bondade e a beleza, que, para nós, têm a sua máxima expressão e a sua fonte em Deus. Sentimo-los como preciosos aliados no compromisso pela defesa da dignidade humana, na construção de uma convivência pacífica entre os povos e na guarda da criação. Um espaço peculiar é o dos chamados novos *Areópagos*, como o "Átrio dos Gentios", onde "crentes e não crentes podem dialogar sobre os temas fundamentais da ética, da arte e da ciência, e sobre a busca da transcendência".[204] Também este é um caminho de paz para o nosso mundo ferido.

---

[204] *Propositio* 55.

258. A partir de alguns temas sociais, importantes para o futuro da humanidade, procurei explicitar uma vez mais a incontornável dimensão social do anúncio do Evangelho, para encorajar todos os cristãos a manifestá--la sempre nas suas palavras, atitudes e ações.

CAPÍTULO V

EVANGELIZADORES COM ESPÍRITO

259. Evangelizadores com espírito quer dizer evangelizadores que se abrem sem medo à ação do Espírito Santo. No Pentecostes, o Espírito faz os Apóstolos saírem de si mesmos e transforma-os em anunciadores das maravilhas de Deus, que cada um começa a entender na própria língua. Além disso, o Espírito Santo infunde a força para anunciar a novidade do Evangelho com ousadia (*parresia*), em voz alta e em todo o tempo e lugar, mesmo contracorrente. Invoquemo-Lo hoje, bem apoiados na oração, sem a qual toda a ação corre o risco de ficar vã e o anúncio, no fim das contas, carecer de alma. Jesus quer evangelizadores que anunciem a Boa-Nova, não só com palavras mas sobretudo com uma vida transfigurada pela presença de Deus.

260. Neste último capítulo, não vou oferecer uma síntese da espiritualidade cristã, nem desenvolverei grandes temas como a oração, a adoração eucarística ou a celebração da fé, sobre os quais já possuímos preciosos textos do Magistério e escritos célebres de grandes autores. Não pretendo substituir nem superar tanta

riqueza. Limitar-me-ei simplesmente a propor algumas reflexões acerca do espírito da nova evangelização.

261. Quando se diz que uma realidade tem "espírito", indica-se habitualmente uma moção interior que impele, motiva, encoraja e dá sentido à ação pessoal e comunitária. Uma evangelização com espírito é muito diferente de um conjunto de tarefas vividas como uma obrigação pesada, que quase não se tolera ou se suporta como algo que contradiz as nossas próprias inclinações e desejos. Como gostaria de encontrar palavras para encorajar uma ação evangelizadora mais ardorosa, alegre, generosa, ousada, cheia de amor até ao fim e feita de vida contagiante! Mas sei que nenhuma motivação será suficiente, se não arde nos corações o fogo do Espírito. Em suma, uma evangelização com espírito é uma evangelização com o Espírito Santo, já que Ele é a alma da Igreja evangelizadora. Antes de propor algumas motivações e sugestões espirituais, invoco uma vez mais o Espírito Santo; peço-Lhe que venha renovar, sacudir, impelir a Igreja numa decidida saída para fora de si mesma a fim de evangelizar todos os povos.

1. Motivações para um renovado impulso missionário

262. Evangelizadores com espírito quer dizer evangelizadores que rezam e trabalham. Do ponto de

vista da evangelização, não servem as propostas místicas desprovidas de um vigoroso compromisso social e missionário, nem os discursos e ações sociais e pastorais sem uma espiritualidade que transforme o coração. Estas propostas parciais e desagregadoras alcançam só pequenos grupos e não têm força de ampla penetração, porque mutilam o Evangelho. É preciso cultivar sempre um espaço interior que dê sentido cristão ao compromisso e à atividade.[205] Sem momentos prolongados de adoração, de encontro orante com a Palavra, de diálogo sincero com o Senhor, as tarefas facilmente se esvaziam de significado, quebrantamo-nos com o cansaço e as dificuldades, e o ardor apaga-se. A Igreja não pode dispensar o pulmão da oração, e alegra-me imenso que se multipliquem, em todas as instituições eclesiais, os grupos de oração, de intercessão, de leitura orante da Palavra, as adorações perpétuas da Eucaristia. Ao mesmo tempo, "há que rejeitar a tentação de uma espiritualidade intimista e individualista, que dificilmente se coaduna com as exigências da caridade, com a lógica da encarnação".[206] Há o risco de que alguns momentos de oração se tornem uma desculpa para evitar dedicar a vida à missão, porque a privatização

---

[205] Cf. *Propositio* 36.

[206] João Paulo II, Carta ap. *Novo millennio ineunte* (6 de Janeiro de 2001), 52: AAS 93 (2001), 304.

do estilo de vida pode levar os cristãos a refugiarem-se em alguma falsa espiritualidade.

263. É salutar recordar-se dos primeiros cristãos e de tantos irmãos ao longo da história que se mantiveram transbordantes de alegria, cheios de coragem, incansáveis no anúncio e capazes de uma grande resistência ativa. Há quem se console, dizendo que hoje é mais difícil; temos, porém, de reconhecer que o contexto do Império Romano não era favorável ao anúncio do Evangelho, nem à luta pela justiça, nem à defesa da dignidade humana. Em cada momento da história, estão presentes a fraqueza humana, a busca doentia de si mesmo, a comodidade egoísta e, enfim, a concupiscência que nos ameaça a todos. Isto está sempre presente, sob uma roupagem ou outra; deriva mais da limitação humana que das circunstâncias. Por isso, não digamos que hoje é mais difícil; é diferente. Em vez disso, aprendamos com os Santos que nos precederam e enfrentaram as dificuldades próprias do seu tempo. Com esta finalidade, proponho-vos que nos detenhamos a recuperar algumas motivações que nos ajudem a imitá-los nos nossos dias.[207]

---

[207] Cf. VÍTOR MANUEL FERNÁNDEZ, Discurso na abertura do I Congresso Nacional de Doutrina Social da Igreja, na cidade de Rosário, em 2011: "Espiritualidad para la esperanza activa", em *UCAtualidad* 142 (2011), 16.

O encontro pessoal com o amor de Jesus que nos salva

264. A primeira motivação para evangelizar é o amor que recebemos de Jesus, aquela experiência de sermos salvos por Ele que nos impele a amá-Lo cada vez mais. Com efeito, um amor que não sentisse a necessidade de falar da pessoa amada, de apresentá-la, de torná-la conhecida, que amor seria? Se não sentimos o desejo intenso de comunicar Jesus, precisamos nos deter em oração para Lhe pedir que volte a cativar-nos. Precisamos implorá-lo cada dia, pedir a sua graça para que abra o nosso coração frio e sacuda a nossa vida tíbia e superficial. Colocados diante d'Ele com o coração aberto, deixando que Ele nos olhe, reconhecemos aquele olhar de amor que descobriu Natanael no dia em que Jesus se fez presente e lhe disse: "Eu vi-te, quando estavas debaixo da figueira!" (*Jo* 1, 48). Como é doce permanecer diante de um crucifixo ou de joelhos diante do Santíssimo Sacramento, e fazê-lo simplesmente para estar à frente dos seus olhos! Como nos faz bem deixar que Ele volte a tocar a nossa vida e nos envie para comunicar a sua vida nova! Sucede então que, em última análise, "o que nós vimos e ouvimos, isso anunciamos" (*1 Jo* 1, 3). A melhor motivação para se decidir a comunicar o Evangelho é contemplá-lo com amor, é deter-se nas suas páginas e lê-lo com o coração. Se o abordamos desta maneira, a sua beleza deslumbra-nos,

volta a cativar-nos vezes sem conta. Por isso, é urgente recuperar um espírito *contemplativo*, que nos permita redescobrir, cada dia, que somos depositários de um bem que humaniza, que ajuda a levar uma vida nova. Não há nada de melhor para transmitir aos outros.

265. Toda a vida de Jesus, a sua forma de tratar os pobres, os seus gestos, a sua coerência, a sua generosidade simples e cotidiana e, finalmente, a sua total dedicação, tudo é precioso e fala à nossa vida pessoal. Todas as vezes que alguém volta a descobri-lo, convence-se de que é isso mesmo o que os outros precisam, embora não o saibam: "Aquele que venerais sem O conhecer, é Esse que eu vos anuncio" (*At* 17, 23). Às vezes perdemos o entusiasmo pela missão, porque esquecemos que o Evangelho *dá resposta às necessidades mais profundas* das pessoas, porque todos fomos criados para aquilo que o Evangelho nos propõe: a amizade com Jesus e o amor fraterno. Quando se consegue exprimir, de forma adequada e bela, o conteúdo essencial do Evangelho, de certeza que essa mensagem fala aos anseios mais profundos do coração: "O missionário está convencido de que existe já, nas pessoas e nos povos, pela ação do Espírito, uma ânsia – mesmo se inconsciente – de conhecer a verdade acerca de Deus, do homem, do caminho que conduz à liberação do pecado e da morte.

O entusiasmo posto no anúncio de Cristo deriva da convicção de responder a tal ânsia".[208]

O entusiasmo na evangelização funda-se nesta convicção. Temos à disposição um tesouro de vida e de amor que não pode enganar, a mensagem que não pode manipular nem desiludir. É uma resposta que desce ao mais fundo do ser humano e pode sustentá-lo e elevá-lo. É a verdade que não passa de moda, porque é capaz de penetrar onde nada mais pode chegar. A nossa tristeza infinita só se cura com um amor infinito.

266. Esta convicção, porém, é sustentada com a experiência pessoal, constantemente renovada, de saborear a sua amizade e a sua mensagem. Não se pode perseverar numa evangelização cheia de ardor, se não se está convencido, por experiência própria, que não é a mesma coisa ter conhecido Jesus ou não O conhecer, não é a mesma coisa caminhar com Ele ou caminhar tateando, não é a mesma coisa poder escutá-Lo ou ignorar a sua Palavra, não é a mesma coisa poder contemplá-Lo, adorá-Lo, descansar n'Ele ou não o poder fazer. Não é a mesma coisa procurar construir o mundo com o seu Evangelho em vez de fazê-lo unicamente com a própria razão. Sabemos bem que a vida com Jesus se torna muito mais plena e, com Ele, é mais fácil encontrar o

---

[208] JOÃO PAULO II, Carta enc. *Redemptoris missio* (7 de Dezembro de 1990), 45: *AAS* 83 (1991), 292.

sentido para cada coisa. É por isso que evangelizamos. O verdadeiro missionário, que não deixa jamais de ser discípulo, sabe que Jesus caminha com ele, fala com ele, respira com ele, trabalha com ele. Sente Jesus vivo com ele, no meio da tarefa missionária. Se uma pessoa não O descobre presente no coração mesmo da entrega missionária, depressa perde o entusiasmo e deixa de estar seguro do que transmite, faltam-lhe força e paixão. E uma pessoa que não está convencida, entusiasmada, segura, enamorada, não convence ninguém.

267. Unidos a Jesus, procuramos o que Ele procura, amamos o que Ele ama. Em última instância, o que procuramos é a glória do Pai, vivemos e agimos "para que seja prestado louvor à glória da sua graça" (*Ef* 1, 6). Se queremos entregar-nos a sério e com perseverança, esta motivação deve superar toda e qualquer outra. O movente definitivo, o mais profundo, o maior, a razão e o sentido último de todo o resto é este: a glória do Pai que Jesus procurou durante toda a sua existência. Ele é o Filho eternamente feliz, com todo o seu ser "no seio do Pai" (*Jo* 1, 18). Se somos missionários, antes de tudo é porque Jesus nos disse: "A glória do meu Pai [consiste] em que deis muito fruto" (*Jo* 15, 8). Independentemente de que nos convenha, interesse, aproveite ou não, para além dos estreitos limites dos nossos desejos, da nossa compreensão e das nossas motivações, evangelizamos para a maior glória do Pai que nos ama.

O prazer espiritual de ser povo

268. A Palavra de Deus convida-nos também a reconhecer que somos povo: "Vós que outrora não éreis um povo, agora sois povo de Deus" (*1 Pd* 2, 10). Para ser evangelizadores com espírito é preciso também desenvolver o prazer espiritual de estar próximo da vida das pessoas, até chegar a descobrir que isto se torna fonte de uma alegria superior. A missão é uma paixão por Jesus, e simultaneamente uma paixão pelo seu povo. Quando paramos diante de Jesus crucificado, reconhecemos todo o seu amor que nos dignifica e sustenta, mas lá também, se não formos cegos, começamos a perceber que este olhar de Jesus se alonga e dirige, cheio de afeto e ardor, a todo o seu povo. Lá descobrimos novamente que Ele quer servir-Se de nós para chegar cada vez mais perto do seu povo amado. Toma-nos do meio do povo e envia-nos ao povo, de tal modo que a nossa identidade não se compreende sem esta pertença.

269. O próprio Jesus é o modelo desta opção evangelizadora que nos introduz no coração do povo. Como nos faz bem vê-Lo perto de todos! Se falava com alguém, fitava os seus olhos com uma profunda solicitude cheia de amor: "Jesus, fitando nele o olhar, sentiu afeição por ele" (*Mc* 10, 21). Vemo-Lo disponível ao encontro, quando manda aproximar-se o cego do caminho (cf. *Mc* 10, 46-52) e quando come e bebe com os pecadores (cf. *Mc* 2, 16), sem Se importar que

O chamem de glutão e beberrão (cf. *Mt* 11, 19). Vemo-
-Lo disponível, quando deixa uma prostituta ungir-Lhe
os pés (cf. *Lc* 7, 36-50) ou quando recebe, de noite,
Nicodemos (cf. *Jo* 3, 1-21). A entrega de Jesus na cruz
é apenas o culminar deste estilo que marcou toda a sua
vida. Fascinados por este modelo, queremos inserir-nos
a fundo na sociedade, partilhamos a vida com todos,
ouvimos as suas preocupações, colaboramos material
e espiritualmente nas suas necessidades, alegramo-
-nos com os que estão alegres, choramos com os que
choram e comprometemo-nos na construção de um
mundo novo, lado a lado com os outros. Mas não por
obrigação, nem como um peso que nos desgasta, mas
como uma opção pessoal que nos enche de alegria e
nos dá uma identidade.

270. Às vezes sentimos a tentação de ser cristãos,
mantendo uma prudente distância das chagas do Senhor.
Mas Jesus quer que toquemos a miséria humana, que
toquemos a carne sofredora dos outros. Espera que
renunciemos a procurar aqueles abrigos pessoais ou
comunitários que permitem manter-nos à distância do
nó do drama humano, a fim de aceitarmos verdadeiramente entrar em contato com a vida concreta dos outros
e conhecermos a força da ternura. Quando o fazemos,
a vida complica-se sempre maravilhosamente e vivemos a intensa experiência de ser povo, a experiência de
pertencer a um povo.

271. É verdade que, na nossa relação com o mundo, somos convidados a dar razão da nossa esperança, mas não como inimigos que apontam o dedo e condenam. A advertência é muito clara: fazei-o "com mansidão e respeito" (*1 Pd* 3, 16) e "tanto quanto for possível e de vós dependa, vivei em paz com todos os homens" (*Rm* 12, 18). E somos incentivados também a vencer "o mal com o bem" (*Rm* 12, 21), sem nos cansarmos de "fazer o bem" (*Gl* 6, 9) e sem pretendermos aparecer como superiores, antes "considerai os outros superiores a vós próprios" (*Fl* 2, 3). Na realidade, os Apóstolos do Senhor "tinham a simpatia de todo o povo" (*At* 2, 47; cf. 4, 21.33; 5, 13). Está claro que Jesus não nos quer como príncipes que olham desdenhosamente, mas como homens e mulheres do povo. Esta não é a opinião de um Papa, nem uma opção pastoral entre várias possíveis; são indicações da Palavra de Deus tão claras, diretas e contundentes, que não precisam de interpretações que as despojariam da sua força interpeladora. Vivamo-las *sine glossa*, sem comentários. Assim, experimentaremos a alegria missionária de partilhar a vida com o povo fiel de Deus, procurando acender o fogo no coração do mundo.

272. O amor às pessoas é uma força espiritual que favorece o encontro em plenitude com Deus, a ponto de se dizer, de quem não ama o irmão, que "está nas trevas e nas trevas caminha" (*1 Jo* 2, 11), "permanece

na morte" (*1 Jo* 3, 14) e "não chegou a conhecer a Deus" (*1 Jo* 4, 8). Bento XVI disse que "fechar os olhos diante do próximo torna cegos também diante de Deus",[209] e que o amor é fundamentalmente a *única* luz que "ilumina incessantemente um mundo às escuras e nos dá a coragem de viver e agir".[210] Portanto, quando vivemos a mística de nos aproximar dos outros com a intenção de procurar o seu bem, ampliamos o nosso interior para receber os mais belos dons do Senhor. Cada vez que nos encontramos com um ser humano no amor, ficamos capazes de descobrir algo de novo sobre Deus. Cada vez que os nossos olhos se abrem para reconhecer o outro, ilumina-se mais a nossa fé para reconhecer a Deus. Em consequência disto, se queremos crescer na vida espiritual, não podemos renunciar a ser missionários. A tarefa da evangelização enriquece a mente e o coração, abre-nos horizontes espirituais, torna-nos mais sensíveis para reconhecer a ação do Espírito, faz-nos sair dos nossos esquemas espirituais limitados. Ao mesmo tempo, um missionário plenamente devotado ao seu trabalho experimenta o prazer de ser um manancial que transborda e refresca os outros. Só pode ser missionário quem se sente bem procurando o bem do próximo, desejando a felicidade dos outros. Esta abertura do coração é fonte

---

[209] Carta enc. *Deus caritas est* (25 de Dezembro de 2005), 16: *AAS* 98 (2006), 230.

[210] *Ibid.*, 39: *o. c.*, 250.

de felicidade, porque "a felicidade está mais em dar do que em receber" (*At* 20, 35). Não se vive melhor fugindo dos outros, escondendo-se, negando-se a partilhar, resistindo a dar, fechando-se na comodidade. Isto não é senão um lento suicídio.

273. A missão no coração do povo não é uma parte da minha vida, ou um ornamento que posso pôr de lado; não é um apêndice ou um momento entre tantos outros da minha vida. É algo que não posso arrancar do meu ser, se não me quero destruir. Eu *sou uma missão* nesta terra, e para isso estou neste mundo. É preciso considerarmo-nos como que marcados a fogo por esta missão de iluminar, abençoar, vivificar, levantar, curar, libertar. Nisto se revela a enfermeira autêntica, o professor autêntico, o político autêntico, aqueles que decidiram, no mais íntimo do seu ser, estar com os outros e ser para os outros. Mas, se uma pessoa coloca a tarefa de um lado e a vida privada do outro, tudo se torna cinzento e viverá continuamente à procura de reconhecimentos ou defendendo as suas próprias exigências. Deixará de ser povo.

274. Para partilhar a vida com a gente e dar-nos generosamente, precisamos reconhecer também que cada pessoa é digna da nossa dedicação. E não pelo seu aspecto físico, suas capacidades, sua linguagem, sua mentalidade ou pelas satisfações que nos pode dar, mas porque é obra de Deus, criatura sua. Ele criou-a à sua

imagem, e reflete algo da sua glória. Cada ser humano é objeto da ternura infinita do Senhor, e Ele mesmo habita na sua vida. Na cruz, Jesus Cristo deu o seu sangue precioso por essa pessoa. Independentemente da aparência, cada um é *imensamente sagrado e merece o nosso afeto e a nossa dedicação.* Por isso, se consigo ajudar uma só pessoa a viver melhor, isso já justifica o dom da minha vida. É maravilhoso ser povo fiel de Deus. E ganhamos plenitude, quando derrubamos os muros e o coração se enche de rostos e de nomes!

A ação misteriosa do Ressuscitado e do seu Espírito

275. No terceiro capítulo, refletimos sobre a carência de espiritualidade profunda que se traduz no pessimismo, no fatalismo, na desconfiança. Algumas pessoas não se dedicam à missão, porque creem que nada pode mudar e assim, segundo elas, é inútil esforçar-se. Pensam: "Para quê privar-me das minhas comodidades e prazeres, se não vejo nenhum resultado importante?". Com esta mentalidade, torna-se impossível ser missionário. Esta atitude é precisamente uma desculpa maligna para continuar fechado na própria comodidade, na preguiça, na tristeza insatisfeita, no vazio egoísta. Trata-se de uma atitude autodestrutiva, porque "o homem não pode viver sem esperança: a sua vida, condenada à insignificância, tornar-se-ia

insuportável".[211] No caso de pensarmos que as coisas não vão mudar, recordemos que Jesus Cristo triunfou sobre o pecado e a morte e possui todo o poder. Jesus Cristo vive verdadeiramente. Caso contrário, "se Cristo não ressuscitou, é vã a nossa pregação" (*1 Cor* 15, 14). Diz-nos o Evangelho que, quando os primeiros discípulos saíram a pregar, "o Senhor cooperava com eles, confirmando a Palavra" (*Mc* 16, 20). E o mesmo acontece hoje. Somos convidados a descobri-lo, a vivê-lo. Cristo ressuscitado e glorioso é a fonte profunda da nossa esperança, e não nos faltará a sua ajuda para cumprir a missão que nos confia.

276. A sua ressurreição não é algo do passado; contém uma força de vida que penetrou o mundo. Onde parecia que tudo morreu, voltam a aparecer por todo o lado os rebentos da ressurreição. É uma força sem igual. É verdade que muitas vezes parece que Deus não existe: vemos injustiças, maldades, indiferenças e crueldades que não cedem. Mas também é certo que, no meio da obscuridade, sempre começa a desabrochar algo de novo que, mais cedo ou mais tarde, produz fruto. Num campo arrasado, volta a aparecer a vida, tenaz e invencível. Haverá muitas coisas más, mas o bem sempre tende a reaparecer e espalhar-se. Cada dia, no mundo, renasce a beleza, que ressuscita transformada

---

[211] II Assembleia especial para a Europa do Sínodo dos Bispos, *Mensagem Final*, 1: *L'Osservatore Romano* (ed. portuguesa de 30/X/1999), 566.

através dos dramas da história. Os valores tendem sempre a reaparecer sob novas formas, e na realidade o ser humano renasceu muitas vezes de situações que pareciam irreversíveis. Esta é a força da ressurreição, e cada evangelizador é um instrumento deste dinamismo.

277. E continuamente aparecem também novas dificuldades, a experiência do fracasso, as mesquinharias humanas que tanto ferem. Todos sabemos, por experiência, que às vezes uma tarefa não nos dá as satisfações que desejaríamos, os frutos são escassos e as mudanças são lentas, e vem-nos a tentação de se dar por cansado. Todavia, não é a mesma coisa quando alguém, por cansaço, baixa momentaneamente os braços e quando os baixa definitivamente dominado por um descontentamento crônico, por um desânimo que lhe mirra a alma. Pode acontecer que o coração se canse de lutar, porque, em última análise, se busca a si mesmo num carreirismo sedento de reconhecimentos, aplausos, prêmios, promoções; então a pessoa não baixa os braços, mas já não tem garra, carece de ressurreição. Assim, o Evangelho, que é a mensagem mais bela que há neste mundo, fica sepultado sob muitas desculpas.

278. A fé significa também acreditar n'Ele, acreditar que nos ama verdadeiramente, que está vivo, que é capaz de intervir misteriosamente, que não nos abandona, que tira bem do mal com o seu poder e a sua criatividade infinita. Significa acreditar que Ele

caminha vitorioso na história "e, com Ele, estarão os chamados, os escolhidos, os fiéis" (*Ap* 17, 14). Acreditamos no Evangelho que diz que o Reino de Deus já está presente no mundo, e vai se desenvolvendo aqui e além de várias maneiras: como a pequena semente que pode chegar a transformar-se numa grande árvore (cf. *Mt* 13, 31-32), como o punhado de fermento que leveda uma grande massa (cf. *Mt* 13, 33), e como a boa semente que cresce no meio do joio (cf. *Mt* 13, 24-30) e sempre nos pode surpreender positivamente: ei-la que aparece, vem outra vez, luta para florescer de novo. A ressurreição de Cristo produz por toda a parte rebentos deste mundo novo; e, ainda que os cortem, voltam a despontar, porque a ressurreição do Senhor já penetrou a trama oculta desta história; porque Jesus não ressuscitou em vão. Não fiquemos à margem desta marcha da esperança viva!

279. Como nem sempre vemos estes rebentos, precisamos de uma certeza interior, ou seja, da convicção de que Deus pode atuar em qualquer circunstância, mesmo no meio de aparentes fracassos, porque "trazemos este tesouro em vasos de barro" (*2 Cor* 4, 7). Esta certeza é o que se chama *"sentido de mistério"*, que consiste em saber, com certeza, que a pessoa que se oferece e entrega a Deus por amor, seguramente será fecunda (cf. *Jo* 15, 5). Muitas vezes esta fecundidade é invisível, incontrolável, não pode ser contabilizada.

A pessoa sabe com certeza que a sua vida dará frutos, mas sem pretender conhecer como, onde ou quando; está segura de que não se perde nenhuma das suas obras feitas com amor, não se perde nenhuma das suas preocupações sinceras com os outros, não se perde nenhum ato de amor a Deus, não se perde nenhuma das suas generosas fadigas, não se perde nenhuma dolorosa paciência. Tudo isto circula pelo mundo como uma força de vida. Às vezes invade-nos a sensação de não termos obtido resultado algum com os nossos esforços, mas a missão não é um negócio nem um projeto empresarial, nem mesmo uma organização humanitária, não é um espetáculo para que se possa contar quantas pessoas assistiram devido à nossa propaganda. É algo de muito mais profundo, que escapa a toda e qualquer medida. Talvez o Senhor Se sirva da nossa entrega para derramar bênçãos noutro lugar do mundo, aonde nunca iremos. O Espírito Santo trabalha como quer, quando quer e onde quer; e nós gastamo-nos com grande dedicação, mas sem pretender ver resultados espetaculares. Sabemos apenas que o dom de nós mesmos é necessário. No meio da nossa entrega criativa e generosa, aprendamos a descansar na ternura dos braços do Pai. Continuemos adiante, empenhemo-nos totalmente, mas deixemos que seja Ele a tornar fecundos, como melhor Lhe parecer, os nossos esforços.

280. Para manter vivo o ardor missionário, é necessária uma decidida confiança no Espírito Santo, porque Ele "vem em auxílio da nossa fraqueza" (*Rm* 8, 26). Mas esta confiança generosa tem de ser alimentada e, para isso, precisamos invocá-lo constantemente. Ele pode curar-nos de tudo o que nos faz esmorecer no compromisso missionário. É verdade que esta confiança no invisível pode causar-nos alguma vertigem: é como mergulhar num mar onde não sabemos o que vamos encontrar. Eu mesmo o experimentei tantas vezes. Mas não há maior liberdade do que a de se deixar conduzir pelo Espírito, renunciando a calcular e controlar tudo e permitindo que Ele nos ilumine, guie, dirija e impulsione para onde Ele quiser. O Espírito Santo bem sabe o que faz falta em cada época e em cada momento. A isto se chama ser misteriosamente fecundos!

A força missionária da intercessão

281. Há uma forma de oração que nos incentiva particularmente a entregarmo-nos na evangelização e nos motiva a procurar o bem dos outros: é a intercessão. Fixemos, por momentos, o íntimo de um grande evangelizador como São Paulo, para perceber como era a sua oração. Esta estava repleta de seres humanos: "Em todas as minhas orações, sempre peço com alegria por todos vós [...], pois tenho-vos no coração" (*Fl* 1, 4.7). Descobrimos, assim, que interceder não nos afasta da

verdadeira contemplação, porque a contemplação que deixa de fora os outros é uma farsa.

282. Esta atitude transforma-se também num agradecimento a Deus pelos outros. "Antes de mais nada, dou graças ao meu Deus por todos vós, por meio de Jesus Cristo" (*Rm* 1, 8). Trata-se de um agradecimento constante: "Dou *incessantemente* graças ao meu Deus por vós, pela graça de Deus que vos foi concedida em Cristo Jesus" (*1 Cor* 1, 4); "*todas* as vezes que me lembro de vós, dou graças ao meu Deus" (*Fl* 1, 3). Não é um olhar incrédulo, negativo e sem esperança, mas uma visão espiritual, de fé profunda, que reconhece aquilo que o próprio Deus faz neles. E, simultaneamente, é a gratidão que brota de um coração verdadeiramente solícito pelos outros. Deste modo, quando um evangelizador sai da oração, o seu coração tornou-se mais generoso, libertou-se da consciência isolada e está ansioso por fazer o bem e partilhar a vida com os outros.

283. Os grandes homens e mulheres de Deus foram grandes intercessores. A intercessão é como "fermento" no seio da Santíssima Trindade. É penetrarmos no Pai e descobrirmos novas dimensões que iluminam as situações concretas e as mudam. Poderíamos dizer que o coração de Deus se deixa comover pela intercessão, mas na realidade Ele sempre nos antecipa, pelo que, com a nossa intercessão, apenas possibilitamos que o

seu poder, o seu amor e a sua lealdade se manifestem mais claramente no povo.

2. Maria, a Mãe da evangelização

284. Juntamente com o Espírito Santo, sempre está Maria no meio do povo. Ela reunia os discípulos para O invocarem (*At* 1, 14), e assim tornou possível a explosão missionária que se deu no Pentecostes. Ela é a Mãe da Igreja evangelizadora e, sem Ela, não podemos compreender cabalmente o espírito da nova evangelização.

O dom de Jesus ao seu povo

285. Na cruz, quando Cristo suportava em sua carne o dramático encontro entre o pecado do mundo e a misericórdia divina, pôde ver a seus pés a presença consoladora da Mãe e do amigo. Naquele momento crucial, antes de declarar consumada a obra que o Pai Lhe havia confiado, Jesus disse a Maria: "Mulher, eis o teu filho!". E, logo a seguir, disse ao amigo bem-amado: "Eis a tua mãe!" (*Jo* 19, 26-27). Estas palavras de Jesus, no limiar da morte, não exprimem primariamente uma terna preocupação por sua Mãe; mas são, antes, uma fórmula de revelação que manifesta o mistério de uma missão salvífica especial. Jesus deixava-nos a sua Mãe como nossa Mãe. E só depois de fazer isto é que Jesus pôde sentir que "tudo se consumara" (*Jo* 19, 28). Ao

pé da cruz, na hora suprema da nova criação, Cristo conduz-nos a Maria; conduz-nos a Ela, porque não quer que caminhemos sem uma mãe; e, nesta imagem materna, o povo lê todos os mistérios do Evangelho. Não é do agrado do Senhor que falte à sua Igreja o ícone feminino. Ela, que O gerou com tanta fé, também acompanha "o resto da sua descendência, isto é, os que observam os mandamentos de Deus e guardam o testemunho de Jesus" (*Ap* 12, 17). Esta ligação íntima entre Maria, a Igreja e cada fiel, enquanto de maneira diversa geram Cristo, foi maravilhosamente expressa pelo Beato Isaac da Estrela: "Nas Escrituras divinamente inspiradas, o que se atribui em geral à Igreja, Virgem e Mãe, aplica-se em especial à Virgem Maria [...]. Alem disso, cada alma fiel é igualmente, a seu modo, esposa do Verbo de Deus, mãe de Cristo, filha e irmã, virgem e mãe fecunda. [...] No tabernáculo do ventre de Maria, Cristo habitou durante nove meses; no tabernáculo da fé da Igreja, permanecerá até o fim do mundo; no conhecimento e amor da alma fiel habitará pelos séculos dos séculos".[212]

286. Maria é aquela que sabe transformar um curral de animais na casa de Jesus, com uns pobres paninhos e uma montanha de ternura. Ela é a serva humilde do Pai, que transborda de alegria no louvor.

---

[212] *Sermão* 51: *PL* 194, 1863 e 1865.

É a amiga sempre solícita para que não falte o vinho na nossa vida. É aquela que tem o coração trespassado pela espada, que compreende todas as penas. Como Mãe de todos, é sinal de esperança para os povos que sofrem as dores do parto até que germine a justiça. Ela é a missionária que Se aproxima de nós, para nos acompanhar ao longo da vida, abrindo os corações à fé com o seu afeto materno. Como uma verdadeira mãe, caminha conosco, luta conosco e aproxima-nos incessantemente do amor de Deus. Através dos diferentes títulos marianos, geralmente ligados aos santuários, compartilha as vicissitudes de cada povo que recebeu o Evangelho e entra a formar parte da sua identidade histórica. Muitos pais cristãos pedem o Batismo para seus filhos num santuário mariano, manifestando assim a fé na ação materna de Maria que gera novos filhos para Deus. É lá, nos santuários, que se pode observar como Maria reúne ao seu redor os filhos que, com grandes sacrifícios, vêm peregrinos para vê-la e deixar-se olhar por Ela. Lá encontram a força de Deus para suportar os sofrimentos e as fadigas da vida. Como a São Juan Diego, Maria oferece-lhes a carícia da sua consolação materna e diz-lhes: "Não se perturbe o teu coração. [...] Não estou aqui eu, que sou tua Mãe?"[213]

---

[213] *Nican Mopohua*, 118-119.

A Estrela da nova evangelização

287. À Mãe do Evangelho vivente, pedimos a sua intercessão a fim de que este convite para uma nova etapa da evangelização seja acolhido por toda a comunidade eclesial. Ela é a mulher de fé, que vive e caminha na fé,[214] e "a sua excepcional peregrinação da fé representa um ponto de referência constante para a Igreja".[215] Ela deixou-Se conduzir pelo Espírito, através de um itinerário de fé, rumo a uma destinação feita de serviço e fecundidade. Hoje fixamos n'Ela o olhar, para que nos ajude a anunciar a todos a mensagem de salvação e para que os novos discípulos se tornem operosos evangelizadores.[216] Nesta peregrinação evangelizadora, não faltam as fases de aridez, de ocultação e até de certo cansaço, como as que viveu Maria nos anos de Nazaré enquanto Jesus crescia: "Este é o início do Evangelho, isto é, da boa nova, da jubilosa nova. Não é difícil, porém, perceber naquele início um particular aperto do coração, unido a uma espécie de 'noite da fé' – para usar as palavras de São João da Cruz – como que um 'véu' através do qual é forçoso aproximar-se do Invisível e viver na intimidade com o mistério. Foi

---

[214] Cf. Conc. Ecum. Vat. II, Const. dogm. sobre a Igreja *Lumen gentium*, cap. VIII, nn. 52-69.

[215] João Paulo II, Carta enc. *Redemptoris Mater* (25 de Março de 1987), 6: AAS 79 (1987), 366.

[216] Cf. *Propositio* 58.

deste modo efetivamente que Maria, durante muitos anos, permaneceu na intimidade com o mistério do seu Filho, e avançou no seu itinerário de fé".[217]

288. Há um estilo mariano na atividade evangelizadora da Igreja. Porque sempre que olhamos para Maria, voltamos a acreditar na força revolucionária da ternura e do afeto. N'Ela, vemos que a humildade e a ternura não são virtudes dos fracos, mas dos fortes, que não precisam maltratar os outros para se sentir importantes. Fixando-A, descobrimos que aquela que louvava a Deus porque "derrubou os poderosos de seus tronos" e "aos ricos despediu de mãos vazias" (*Lc* 1, 52.53) é mesma que assegura o aconchego de um lar à nossa busca de justiça. E é a mesma também que conserva cuidadosamente "todas estas coisas ponderando-as no seu coração" (*Lc* 2, 19). Maria sabe reconhecer os vestígios do Espírito de Deus tanto nos grandes acontecimentos como naqueles que parecem imperceptíveis. É contemplativa do mistério de Deus no mundo, na história e na vida diária de cada um e de todos. É a mulher orante e trabalhadora em Nazaré, mas é também nossa Senhora da prontidão, a que sai "às pressas" (*Lc* 1, 39) da sua povoação para ir ajudar os outros. Esta dinâmica de justiça e ternura, de contemplação e de caminho para os outros faz d'Ela um

---

[217] João Paulo II, Carta enc. *Redemptoris Mater* (25 de Março de 1987), 17: *AAS* 79 (1987), 381.

modelo eclesial para a evangelização. Pedimos-Lhe que nos ajude, com a sua oração materna, para que a Igreja se torne uma casa para muitos, uma mãe para todos os povos, e torne possível o nascimento de um mundo novo. É o Ressuscitado que nos diz, com uma força que nos enche de imensa confiança e firmíssima esperança: "Eu renovo todas as coisas" (*Ap* 21, 5). Com Maria, avança-mos confiantes para esta promessa, e dizemos-Lhe:

Virgem e Mãe Maria,
Vós que, movida pelo Espírito,
acolhestes o Verbo da vida
na profundidade da vossa fé humilde,
totalmente entregue ao Eterno,
ajudai-nos a dizer o nosso "sim"
perante a urgência, mais imperiosa do que nunca,
de fazer ressoar a Boa-Nova de Jesus.

Vós, cheia da presença de Cristo,
levastes a alegria a João, o Batista,
fazendo-o exultar no seio de sua mãe.
Vós, estremecendo de alegria,
cantastes as maravilhas do Senhor.
Vós, que permanecestes firme diante da Cruz
com uma fé inabalável,
e recebestes a jubilosa consolação da ressurreição,
reunistes os discípulos à espera do Espírito
para que nascesse a Igreja evangelizadora.

Alcançai-nos agora um novo ardor de ressuscitados
para levar a todos o Evangelho da vida
que vence a morte.
Dai-nos a santa ousadia de buscar novos caminhos
para que chegue a todos
o dom da beleza que não se apaga.

Vós, Virgem da escuta e da contemplação,
Mãe do amor, esposa das núpcias eternas
intercedei pela Igreja,
da qual sois o ícone puríssimo,
para que ela nunca se feche nem se detenha
na sua paixão por instaurar o Reino.

Estrela da nova evangelização,
ajudai-nos a refulgir
com o testemunho da comunhão,
do serviço, da fé ardente e generosa,
da justiça e do amor aos pobres,
para que a alegria do Evangelho
chegue até aos confins da terra
e nenhuma periferia fique privada da sua luz.

Mãe do Evangelho vivente,
manancial de alegria para os pequeninos,
rogai por nós.
Amém. Aleluia!

Dado em Roma, junto de São Pedro, no encerramento do *Ano da Fé*, dia 24 de Novembro – Solenidade de Nosso Senhor Jesus Cristo, Rei do Universo – do ano de 2013, primeiro do meu Pontificado.

Franciscus

SUMÁRIO

1. Alegria que se renova e comunica 3
2. A doce e reconfortante alegria de evangelizar 10
3. A nova evangelização para a transmissão da fé 14

Capítulo I

A transformação missionária da Igreja 19
  1. Uma Igreja "em saída" 19
  2. Pastoral em conversão 23
  3. A partir do coração do Evangelho 31
  4. A missão que se encarna nas limitações humanas 35
  5. Uma mãe de coração aberto 40

Capítulo II

Na crise do compromisso comunitário 45
  1. Alguns desafios do mundo atual 47
  2. Tentações dos agentes pastorais 65

Capítulo III

O anúncio do Evangelho 93
  1. Todo o povo de Deus anuncia o Evangelho 93
  2. A homilia 112
  3. A preparação da pregação 119
  4. Uma evangelização para o aprofundamento
     do querigma 132

Capítulo IV

A dimensão social da evangelização 145

1. As repercussões comunitárias e sociais do querigma 145
2. A inclusão social dos pobres 154
3. O bem comum e a paz social 176
4. O diálogo social como contribuição para a paz ... 187

Capítulo V

Evangelizadores com espírito 203

1. Motivações para um renovado impulso missionário 204
2. Maria, a Mãe da evangelização 223